.

スイス観光業の近現代

大衆化をめぐる葛藤

森本 慶太

関西大学出版部

【本書は関西大学研究成果出版補助金規程による刊行】

目　　次

序章

　20世紀末以降のグローバル化の進行は、観光業を世界最大の産業へと成長させた。他方で、観光地へのゲストの訪問が急増することで、観光は経済効果のみならず、現地住民の暮らしに深刻な影響をもたらし、「オーバーツーリズム」や「観光公害」として批判的に認識されるようになった。2019年末に端を発する新型コロナウイルス感染症の世界的流行は、依然として人びとの往来を制約し続けているが、「アフター・コロナ」への期待と不安が交錯するなかで、観光の規模拡大と質的変容への関心は今後も高まり続けることであろう[1]。

　もちろん、観光の拡大をめぐる議論はいまにはじまったものではない。たとえば、19世紀半ばにトマス・クック（Thomas Cook）を嚆矢とする旅行業が確立して以来、観光の大衆化に対する批判はメディアや知識人を通じて繰り返し行われてきた。それは往々にしてステレオタイプな観光客像に依拠しており、大衆批判と重なるエリート主義的な議論になりがちであった。しかし、後述するように、社会学や人類学による観光研究の深化にともない、こうした単純な図式にとらわれない理論も提示されてきた。それに対し、観光の大衆化の歴史的意義について焦点化した個別研究は、依然として少ない[2]。

1　「観光」と「ツーリズム」という用語について、従来は前者に「楽しみを目的とする旅行」、後者には「業務目的を含めた旅行全般」の意味を込めて、緩やかに使い分けられてきた。しかし、近年では両者の明確な区分は困難であるという見方が有力になっている。本書では基本的に「観光」を用いつつ、「ツーリズム」も「マス・ツーリズム」など一部の用語で用いているが、「観光」と明確には区別していない。この点については、千住一「序」千住一・老川慶喜編著『帝国日本の観光──政策・鉄道・外地』日本経済評論社、2022年、14頁、注23を参考にした。
2　第二次世界大戦後のアメリカ合衆国に焦点をあてた研究動向の整理としては、長濱幸一・石原駿「観光学・観光史の研究動向把握──環境と大衆消費社会との関係に着目して」『長崎県立大学経済学部論集』第49巻第4号（2016年3月）、235-265頁がある。

　旅行の大衆化という観点から、観光史の時代区分を試みたのは、文化人類学者の石森秀三である。彼は、1996年の編著で四次にわたる「観光革命」という画期で近代以降の観光史を区分している[3]。それによると、「第一次観光革命」はヨーロッパで生じた国内旅行の大衆化と富裕層による外国旅行ブームを契機として1860年代に起こったとされる。「第二次観光革命」は、1910年代から20年代にかけて、アメリカ合衆国の中産階級によるヨーロッパ観光旅行ブームがきっかけで生じる。そして、「第三次観光革命」とは、1960年代以降、特にジャンボ・ジェット機就航にともなう世界規模での、主に北半球から出発したマス・ツーリズムの展開をさしている。こうした流れの先には、2010年代のアジア人観光客の爆発的急増＝「第四次観光革命」も展望されていた。

　観光の量的規模の拡大を画期としたこの時代区分には一定の説得力があり、現在の観光の位置を理解するための見取り図として有効であることは否定しない。しかし、「革命」という表現は断絶を強調するものであり、その間にある質的な変化をとらえにくくさせると同時に、その段階論的発想は観光の一方向への発展を際立たせてしまう面もある。本書の関心は、上記の第二次革命と第三次革命の間にある、観光の質的変化とそれに対する反応にある。具体的には、観光が社会・経済・政治・文化の諸領域とかかわる総合的現象として認識されるようになる歴史的背景を探ることにある。考察に際しては、1930年代から40年代にかけてのスイスを事例として、主に当時の大衆化をめぐる議論に注目したい。

第1節　大衆化をめぐる葛藤

(1) 大衆批判と観光

　まず、観光の大衆化をめぐる歴史の理解について、先行研究の動向を踏ま

3　石森秀三「観光革命と二〇世紀」同編『観光の二〇世紀（二〇世紀における諸民族の伝統と変容3）』ドメス出版、1996年、11-26頁。

えて、本書の立場を確認しておきたい。

　先の石森による時代区分でもみられるように、近代ツーリズムの歴史は、19世紀のトマス・クックの登場にはじまり、1960年代のマス・ツーリズム形成を終着点として一般に理解される。しかし、その歴史を単線的で一方向的な発展としてとらえるべきではない。

　イギリスの福音主義者で禁酒運動家であったトマス・クックは、ギャンブルにふけりがちな労働者への「健全な」余暇の提供をめざして、1841年に禁酒運動大会参加者を対象に、鉄道による団体旅行を組織した。この出来事は、近代観光の嚆矢として広く知られている。その後もクックは、第1回ロンドン万国博覧会（1851年）を契機に事業としての旅行業を確立した[4]。

　彼の事業は、労働者層への慈善事業に根差したものであり、確かに大衆化志向が強かった。しかし、トマスの息子ジョン＝メイスン・クック（John Mason Andrew Cook）が経営に加わるとその路線を放棄し、エリート層向けの娯楽提供を念頭にエジプトや中東といった新たな観光地を開拓し、個人旅行や海外旅行の販売に傾注するようになる。井野瀬久美惠は、この父子の対立を一企業の経営方針の変化としてだけではなく、「大衆化」と「差別化」の間を揺れ動く、20世紀に顕在化する観光のパラドクスを先取りしていたと指摘している[5]。そして、この「大衆化」と「差別化」のせめぎあいを「『観光の一九世紀』のパラダイム」と表現する。このパラダイムは、20世紀に入り加速度的に大衆化が進むなかで顕在化し、1960年代頃まで持続しているという[6]。

　こうした実態とは別に、観光の大衆化をめぐっては、その発生が認識された19世紀のうちに、弊害を説く議論がみられるようになる。たとえば、ト

4　ピアーズ・ブレンドン（石井昭夫訳）『トマス・クック物語──近代ツーリズムの創始者』中央公論社、1995年。
5　井野瀬久美惠「旅の大衆化か、差別化か？──トマス・クック社発展の影で」石森編『観光の二〇世紀』、27-42頁。
6　同、39-42頁。

マス・クックの企画したツアーは、すでに同時代のマス・メディアによる辛辣な風刺の対象になった[7]。20世紀になると、観光旅行に参加する階層がいっそう拡大し、マス・ツーリズムが現実化するにつれて、観光は大衆社会論との関連で、批判的に論じられるようになった。ここでは、第二次世界大戦後の代表的な議論を二つ紹介したい。

一つは、ドイツの詩人で批評家のH・M・エンツェンスベルガー（Hans Magnus Enzensberger）が1958年に『メルクーア』誌で発表した評論「観光の理論」である[8]。ここでは、観光とは消費社会に生きる人びとが自らつくりだした現実からの「逃避」行動であるとされる。しかし、それは産業世界の外への逃避ではなく、あくまでその枠内で生じるにすぎないという。こうした資本主義批判の文脈で展開されたエンツェンスベルガーの議論は、同時代のフランクフルト学派の批判理論とも共鳴するものであり、ドイツ語圏における観光批判の典型として大きな影響を与えた[9]。

次に、アメリカの文化史家D・J・ブーアスティン（Daniel Joseph Boorstin）が展開した「擬似イベント論」も、こうしたマス・ツーリズム批判の系譜に位置づけられる。彼は、観光がガイドブックをはじめとするマス・メディアによって編まれたイメージによって構成されていると指摘する。人びとは、

---

7 ブレンドン『トマス・クック物語』、第5章、Hartmut Berghoff, "From Privilege to Commodity?: Modern Tourism and the Rise of the Consumer Society", in: Hartmut Berghoff/Barbara Korte/Ralf Schneider/Christopher Harvie (eds.), *The Making of Modern Tourism: the Cultural History of the British Experience, 1600-2000*, Basingstoke 2002, pp. 172-173.

8 Hans Magnus Enzensberger, "Vergebliche Brandung der Ferne: Eine Theorie des Tourismus", in: *Merkur*, 12 (1958), S. 701-720. のちに *Einzelheiten I: Bewußtseins-Industrie*, Frankfurt am Main 1962, S. 179-205（石黒英男訳『意識産業』晶文社、1970年、221-254頁）に収録。エンツェンスベルガーの議論については、大橋昭一「第二次世界大戦後ドイツ語圏における観光概念の展開過程——観光事業経営学のための特徴的諸論点を中心に」『大阪明浄大学紀要』第2号（2002年3月）、17-30頁も参照。

9 ただし、エンツェンスベルガー自身は、エリート主義的な観光批判について、自らが観光客であることを忘れた無理解にもとづく意見であると辛辣に批判しており、ある意味では観光客を擁護している。この点については以下も参照。Hasso Spode, "Zur Geschichte der Tourismusgeschichte", in: *Voyage: Jahrbuch für Reise- & Tourismusforschung*, 8 (2009), S. 12-13.

「本物」の経験としての「旅」ではなく、そのイメージを再発見するだけの、「まがいもの」である「旅行」しかできなくなったと主張し、現実をみようとしない「観光客」と、未知を探求する「旅行者」を区別した[10]。

　こうした知識人によるマス・ツーリズム批判、とりわけ日本でも知られたブーアスティンの議論に対しては、すでにさまざまな反論が提起されている。白幡洋三郎は、現代の旅行の意義を積極的にとらえようとする立場から、ブーアスティンの議論が、社会現象を批判的にとらえる学者間の悪しき「了解」を前提にした、エリート主義的な見方であると批判している[11]。また、歴史家のH・ベルクホフ（Hartmut Berghoff）は、エンツェンスベルガーに代表されるマス・ツーリズムに対する批判的議論が、19世紀後半のトマス・クックへの非難に依拠したナイーブなものであると主張する。さらにベルクホフは、当時のイギリスでは団体旅行よりも個人旅行が大きく発展していたことを指摘する。そのうえで、やり玉に挙げられた当の団体旅行の参加者たちには、20世紀の知識人が批判した典型的な観光客像とは異なり、旅行前の語学学習や旅日記の作成といった、単に受動的存在とはいえない側面があったこともあわせて主張している[12]。

　近年の社会学や人類学を基盤とする観光研究では、ブーアスティンらを批判的に乗り越える形で議論が深められている[13]。たとえば、観光の「本物性（オーセンティシティ）」をめぐる議論では、「本物」を絶えず探求する行為として、より積極的にとらえる見方（D・マキァーネル［Dean MacCannell］）が提示された[14]。さらには、「本物性」への問いを越えて、イメージや表象のリアリ

10　ダニエル・J. ブーアスティン（星野郁美・後藤和彦訳）『幻影の時代——マスコミが製造する事実』東京創元社、1964年、89-128頁。

11　白幡洋三郎『旅行ノススメ——昭和が生んだ庶民の「新文化」』中央公論社、1996年、249頁。

12　Berghoff, "From Privilege to Commodity?", pp. 172-173.

13　社会学による観光現象への理論的アプローチについては、遠藤英樹「『観光社会学』の対象と視点——リフレクシヴな『観光社会学』へ」須藤廣・遠藤英樹『観光社会学2.0 ——拡がりゆくツーリズム研究』福村出版、2018年、41-62頁を参照。

14　ディーン・マキァーネル（安村克己他訳）『ザ・ツーリスト——高度近代社会の構造分析』学文社、2012年。

ティを問うポストモダニズムの議論（U・エーコ［Umberto Eco］／J・ボードリヤール［Jean Baudrillard］）や、観光を人びとの言説や表象をめぐる実践のなかで絶えず構築されるものとして把握する構築主義の議論（E・M・ブルーナー［Edward M. Bruner］）へと展開している[15]。さらには、イギリスの社会学者 J・アーリ（John Urry）の「観光のまなざし」論[16] などの成果を踏まえ、観光の近現代史を描く試みもなされている[17]。

　このように社会学や人類学による観光研究は、エリート主義的な大衆批判を克服する理論的枠組みを提示しているが、井野瀬やベルクホフの指摘にみられるように、歴史学による観光研究は、時代や地域ごとの経験的事実を踏まえて大衆化の実像を明らかにすることが求められるだろう[18]。以下では、戦間期西ヨーロッパの事例研究を参考にしつつ、本書の論点を提示したい。

(2) 戦間期とマス・ツーリズム

　一般にマス・ツーリズムとは、第二次世界大戦後の現象として論じられる。それは、社会の圧倒的多数の人びとが消費の対象として観光旅行に参加するようになったという意味で、大衆消費社会を象徴する現象の一つであったといえるが、そこへいたるまでにどのような過程を経て、いかなる変化が生じたのだろうか。

　斎藤哲は、西ヨーロッパにおいては 1960 年代末までに消費社会化が完成

15　遠藤「『観光社会学』の対象と視点」、48-58 頁。

16　アーリは、M・フーコー（Michel Foucault）の議論を手がかりとして、観光する主体としての「観光者」（観光客）が観光の対象に向ける「まなざし」に着目し、観光を視覚的現象としてとらえる立場から、社会的文脈と観光地形成との相互関係を論じている。ジョン・アーリ／ヨーナス・ラースン（加太宏邦訳）『観光のまなざし』増補改訂版、法政大学出版局、2014 年、第 1 章。

17　須藤廣「観光の近代と現代──観光というイデオロギーの生成と変容」須藤・遠藤『観光社会学 2.0』、63-107 頁。

18　Christine Keitz, *Reisen als Leitbild: Die Entstehung des modernen Massentourismus in Deutschland*, München 1997, S. 20 の指摘を参照。また、ウルリケ・シャパー（阿部尚史訳）「グローバル・ヒストリーから見た観光史研究」羽田正編『グローバル・ヒストリーの可能性』山川出版社、2017 年、161-181 頁は、観光の価値をめぐる議論自体の歴史化を主張する。

するとして、その形成を20世紀中葉の現象であったとしながらも、第二次
世界大戦以前から徐々に形成されていたと指摘し、分析の始点を1920年代
のドイツに置いている[19]。戦間期の大衆消費社会の萌芽的状況は、西ヨー
ロッパ諸国の観光の動向と密接な関係があると想定される。本書でも戦間期
を検討の中心に据えたい。

　また、雨宮昭彦は、先に挙げたベルクホフらによって進められてきたドイ
ツ消費史研究の動向を紹介し、消費の視点から20世紀の政治経済史にアプ
ローチすることを提唱している[20]。これまでも戦間期の政治史の文脈で、労
働者を対象とした観光を含む余暇政策に注目した研究が蓄積されてきた[21]。
特に、イタリアやドイツの政治体制分析のなかで、余暇に着目した研究があ
る。前者については、ファシズム体制下の余暇団体「ドーポラヴォーロ
（Dopolavoro：労働の後）」による、労働者の余暇組織化の試みが明らかに
されている[22]。後者に関しては、ドーポラヴォーロを範としてナチ党の「ド
イツ労働戦線」が設置した「歓喜力行団（Kraft durch Freude：喜びを通じ
て力を）」の事業が、ナチズムによる大衆動員の一例として研究されている。
その事業規模については諸説あるが、「民族共同体」への余暇の普及をうたう
歓喜力行団が、大規模海水浴場の建設や豪華客船によるクルーズ旅行などを通

19　斎藤哲『消費生活と女性——ドイツ社会史（1920〜70年）の一側面』日本経済評論社、2007
　　年、3-4頁。
20　雨宮昭彦「最近のドイツにおける『消費史』研究と消費の観点から見た『帝政期ドイツの新
　　中間層』」『歴史学研究』第768号（2002年10月）、88-96頁。
21　フランスを中心としつつも西ヨーロッパ諸国の事例を広く取り上げたものとして、アラン・
　　コルバン（渡辺響子訳）『レジャーの誕生』藤原書店、2000年がある。
22　ヴィクトリア・デ・グラツィア（豊下楢彦・高橋進・後房雄・森川貞夫訳）『柔らかいファシ
　　ズム——イタリア・ファシズムと余暇の組織化』有斐閣、1989年、井上茂子「余暇の組織化の
　　政治学——デ・グラツィア『柔らかいファシズム』によせて」『大原社会問題研究所雑誌』第
　　391号（1991年6月）、37-45頁。イタリアの余暇政策がナチ・ドイツに与えた影響については、
　　Daniela Liebscher, "Faschismus als Modell: Die faschistische Opera Nazionale Dopolavoro und
　　die NS-Gemeinschaft »Kraft durch Freude« in der Zwischenkriegszeit", in: Sven Reichardt/
　　Armin Nolzen (Hg.), *Faschismus in Italien und Deutschland: Studien zu Transfer und
　　Vergleich*, Göttingen 2005, S. 94-118 を参照。

じて、同時代に国内外でセンセーションを巻き起こしたことは事実である[23]。

　また、ドイツやイタリアの施策に対抗する立場から実施された、同時期の
フランスの余暇政策も広く知られており、戦後におけるヴァカンスの隆盛と
のつながりを展望しつつ、人民戦線内閣による余暇の組織化を論じた研究
や、当時追求された「民衆ツーリズム」の実態を具体的事例に即して検討し
た研究が存在する[24]。

　以上の研究は、「余暇の組織化」や「旅行の民主化」といった表現にみら
れるように、主に政治体制への関心から観光に言及することが多かった。こ
れに対し、Ch・カイツ（Christine Keitz）による研究は「社会構造と社会
変動の歴史としての観光史」を標榜し、マス・ツーリズムの起源への問題関
心からヴァイマル期ドイツの観光を主題とした点で注目される。彼女は、マ
ス・ツーリズムが形成される前提として、労働者層の参加、個人による旅行
の計画、交通機関や宿泊施設などのインフラ整備、休暇や収入、それに宿泊
者数の増加といった社会経済的要因を挙げる。カイツは、ヴァイマル期をこ
れらの諸要因が相互作用を開始した時代であり、マス・ツーリズムの形成期
であると結論づけている[25]。

23　歓喜力行団に関しては一定の研究蓄積があるが、さしあたり以下の文献を挙げるにとどめる。
　　Hasso Spode, "»Der deutsche Arbeiter reist«: Massentourismus im Dritten Reich", in: Gerhard
　　Huck（Hg.）, *Sozialgeschichte der Freizeit: Untersuchungen zum Wandel der Alltagskultur in
　　Deutschland*, 2. Aufl., Wuppertal 1982, S. 281-306; 井上茂子「ナチス・ドイツの民衆統轄——ド
　　イツ労働戦線を事例として」『歴史学研究』第 586 号（1988 年 10 月）、196-207 頁、田野大輔
　　『魅惑する帝国——政治の美学化とナチズム』名古屋大学出版会、2007 年。
24　広田功「フランス人民戦線の〈文化革命〉の一側面——有給休暇と〈余暇の組織化〉」中央大
　　学人文科学研究所編『希望と幻滅の軌跡——反ファシズム文化運動』中央大学出版部、1987 年、
　　167-196 頁、廣田明「両大戦間期フランスにおける余暇の組織化——フランス余暇政策史におけ
　　る有給休暇法の意義」権上康男・廣田明・大森弘喜編『20 世紀資本主義の生成——自由と組織化』
　　東京大学出版会、1996 年、73-110 頁、平松佳子「フランス人民戦線期、CGT が模索した民衆
　　ツーリズムについての一考察——ツーリズム団体『万人のための観光・ヴァカンス』Tourisme,
　　Vacances Pour Tours の成立に託した夢」『学習院史学』第 45 号（2007 年）、94-108 頁、渡辺
　　和行『フランス人民戦線——反ファシズム・反恐慌・文化革命』人文書院、2013 年、第 6 章。
25　Christine Keitz, "Die Anfänge des modernen Massentourismus in der Weimarer Republik",
　　in: *Archiv für Sozialgeschichte*, 33（1993）, S. 179-209; Id., *Reisen als Leitbild*, S. 9-20.

　これに対し、W・ケーニヒ（Wolfgang König）は、カイツがマス・ツーリズムの質的側面ばかりに注目し、観光客数という量的側面を軽視することで、恣意的な議論に陥っていると批判している。後者を重視するケーニヒは、ヴァイマル期ドイツはマス・ツーリズムの前史にあたる時代であり、それが実際に形成されるのは第二次世界大戦後であると主張する[26]。確かに、観光客の爆発的な増大という意味でのマス・ツーリズムの形成は、第二次世界大戦後の「経済の奇跡」や、自動車の普及や商用航空事業の成長による交通機関の革新などの社会経済的要因と密接にかかわっていることは否定できない。ドイツ語圏でも「マス・ツーリズム」（Massentourismus）という言葉は、一般的に1960年代末に地中海沿岸などの地域に大量の観光客が出現したことをさす量的概念であり、労働者層など特定の社会層と結びつけて定義されているわけではない[27]。

　むしろ、カイツの研究の意義は、歓喜力行団が登場する前のヴァイマル期に、第二次世界大戦後のマス・ツーリズムを支える諸要素が出現した歴史的事実を指摘したことにある。すなわち、パック・ツアーを提供する旅行代理店、交通手段、宿泊客、有給休暇などの、観光の需要と供給にかかわる双方のアクターが出現し、相互に連関しはじめたのである。当時は、第一次世界大戦による富裕層の没落を背景に、労働者層の一部を含むさまざまな階層に観光へ参加する機会が広がっていた。こうした新たな需要を背景に、観光業が組織化され、低所得層をも対象としたそれまでにない新たな旅行団体が出現したことをカイツは明らかにしている。当時の観光をめぐる変化は、先にふれた消費史研究の視点から、大衆消費社会の萌芽を示す事例としてとらえることもできるだろう。

26　Wolfgang König, "Massentourismus: Seine Entstehung und Entwicklung in der Nachkriegszeit", in: *Technikgeschichte*, 64-4 (1997), S. 305-322. なお、ケーニヒはマス・ツーリズムの前段階をヴァイマル期ではなくナチ期であるとして、歓喜力行団の意義を強調している。
27　Rüdiger Hachtmann, *Tourismus-Geschichte*, Göttingen 2007, S. 69. 本書でも、マス・ツーリズムを1960年代以降の現象として扱うことにする。

　ナチ期については、先述のように余暇や観光の領域への政治的関与が注目されてきたが、文化・消費政策の文脈で議論した研究も近年現れており、歓喜力行団が旅行や娯楽の提供を通じて、「大衆消費社会」へ向かう未来を人びとに意識させたことを指摘している[28]。ここでいう「大衆消費社会」が、戦後の資本主義諸国における個人主義的なそれと同質であったのか、また、それに連なる面があったのかは議論を深めていく必要があるだろう[29]。この点を踏まえつつも、一連の研究が、休暇の拡大や労働力の再生産といった社会政策面だけでなく、消費史の文脈から歓喜力行団に注目していることは、戦後とのつながりを考察するうえで意義がある。

　本書では、同時期のスイスの事例を扱う。スイスは、19世紀以来ヨーロッパの主要観光地であり、観光の変化を検討する本書の視点にとって有益な対象と考えられるからである。次節では、その前提として、歴史研究の対象にスイスを取り上げることの意義について検討したい。

第2節　スイス——近代から現代へ

(1) 日本におけるスイス史研究の展開

　ヨーロッパの中央部に位置し、アルプスに象徴される自然豊かな行楽地・保養地としても知られるスイスは、永世中立国として国際的に独自の存在感

---

[28] 歓喜力行団に対する民衆の態度については、山本秀行『ナチズムの記憶——日常生活からみた第三帝国』山川出版社、1995年、148-166頁を参照。消費の観点からの研究では、Shelley Baranowski, *Strength through Joy: Consumerism and Mass Tourism in the Third Reich*, Cambridge 2004がある。本書については、米澤理奈による書評（『パブリック・ヒストリー』第5号［2008年］、72-76頁）も参照。最近の邦語研究としては、田野大輔「消費がつくりだす『民族共同体』——国民的社会主義者ドレスラー＝アンドレスと国民受信機・国民車計画」『ゲシヒテ』第9号（2016年3月）、49-65頁がある。

[29] たとえばハハトマンは、Baranowski, *Strength through Joy*が歓喜力行団の性格をフォーディズムと区別して論じることに批判的であり、休暇の面で幅広い社会階層に大量消費をもたらした歓喜力行団のフォーディズム的側面を強調している。Hachtmann, "Tourismusgeschichte – ein Mauerblümchen mit Zukunft! Ein Forschungsüberblick", in: H-Soz-Kult 06.10.2011, <http://hsozkult.geschichte.hu-berlin.de/forum/2011-10-001>（2022年6月14日最終閲覧）, S. 10-11.

を放っている。また、26の州・準州から構成される連邦国家として、さらには日本の九州と同程度の面積の国土に異なる四つの言語圏があり、宗派もカトリックとプロテスタントが拮抗するという、多様性を包摂する小国としての顔をもっている。1974年のアニメ作品『アルプスの少女ハイジ』のヒットと相まって、実態は別にして、牧歌的な「平和国家スイス」（あるいはその対極としての「黒いスイス」）というイメージは日本に広く浸透しているといってよいだろう。

　一方で、その知名度の高さに比して、歴史研究では大国を中心に取り上げる傾向が長く続いたために、日本では宗教改革など一部の分野を除き、スイスの固有性を歴史的に理解する試みは20世紀の末にようやく本格化する。特に、中世都市史・宗教改革史の研究から出発した森田安一は、1980年の著書『スイス――歴史から現代へ』で歴史を通じた総合的理解の重要性を説き、1993年からは「スイス史研究会」を組織するなど、スイス史研究の裾野を開拓してきた[30]。その後、21世紀にかけては、森田らの執筆・編集による概説書や入門書が充実すると同時に、研究水準についても、研究者が増加したことで、対象の広がりと実証の両面で着実に高まってきたといえる[31]。

　他方で、スイス盟約者団の形成と拡大、それにツヴィングリやカルヴァンら、現在のスイスを舞台とする宗教改革など、高等学校の世界史科目でも言及されることのある中近世史と比較して、1848年の連邦国家成立以降を対象にした近現代史の研究蓄積は依然として多いとはいえない。それでも、19世紀後半から20世紀初頭を扱った経済史や社会史の分野においては、スケールや実証面で優れた個別研究が近年現れている[32]。

30　森田安一『スイス――歴史から現代へ』刀水書房、1980年。

31　『史学雑誌』（公益財団法人史学会）が毎年5号で特集する「回顧と展望」において、2003年以降、「ドイツ・スイス・ネーデルラント」という地域区分が設けられたことも、スイス史が歴史学の研究分野として認知されたことを示す一例であろう。

32　ごく一部のみ挙げれば、黒澤隆文『近代スイス経済の形成――地域主権と高ライン地域の産業革命』京都大学学術出版会、2002年、Yoko Akiyama, *Das Schachtverbot von 1893 und die Tierschutzvereine: Kulturelle Nationsbildung der Schweiz in der zweiten Halfte des 19.* ↗

第二次世界大戦とスイスの関係についても、近年では見直しが進められており、日本にも研究動向が紹介されている。戦時中のスイスが、一時的に枢軸国に包囲されながら中立を堅持したことは、戦後長らくの間、スイス人の間である種の誇りをもちつつ語られ、他国とは異なる「特殊例」(Sonderfall)として神話化されてきた。スイスを特殊例としてみる視点は、日本でも人口に膾炙している[33]。しかし、スイスは決して陸の孤島ではなく、周辺地域や世界の動向とかかわるなかで、中立を含む諸政策が実行されてきたことはいうまでもない。大戦は中立国スイスにも深刻な影響をもたらした。枢軸国に国境を包囲された1940年5月以降、ドイツの軍事的脅威が現実味を増したことで、スイスの独立維持が模索される。その過程で生じたドイツとの密接な経済関係は20世紀末に公となって国際的非難を浴び、その実態解明が現代史研究の重要課題になり、中立神話の相対化が進みつつある[34]。

本書では、以上のスイス史研究の諸領域に比して、いまだ個別研究の蓄積が少ない戦間期のスイスを軸として、前後の時代とのつながりを検討していく。この点については、次項で議論したい。

(2) 近代から現代へ

本書は、スイスの近代から現代への転換期として、戦間期、特に1930年代から戦時中の40年代前半にかけての時期に注目し、観光が社会状況や国際環境にいかに適応したのかを論じるものである。その際に、大戦を断絶とするのではなく、「貫戦史」の視点から把握したい。これは、日本の戦後秩序を理解するために、戦前・戦中・戦後を通じての変化のプロセスやダイナミクスを重視した概念だが、中立国スイスを理解するうえでも有効であると

Jahrhunderts, Berlin 2019 など。

33 「特殊例」の相対化を意識した研究史整理として、踊共二「スイス史研究の現状と展望」踊共二・岩井隆夫編『スイス史研究の新地平——都市・農村・国家』昭和堂、2011年、27-38頁を参照。

34 独立専門家委員会　スイス=第二次大戦編(黒澤隆文編訳、川﨑亜紀子・尾﨑麻弥子・穐山洋子訳著)『中立国スイスとナチズム——第二次大戦と歴史認識』京都大学学術出版会、2010年。

思われる[35]。本項では、議論の前提として、現代スイスの国家体制の基盤を形成したとされる、経済、社会、政治の諸領域の変化を振り返っておきたい。

スイスは第一次世界大戦中に中立を維持したが、食糧不足などの問題が深刻化し、1918 年には軍隊を出動させるほどのゼネストが全国で起こった。戦間期には、左派の台頭と、ドイツのナチズムにも刺激された「戦線派」と呼ばれる極右運動の高まりが無視できない状況に陥りつつあった。これに対し、経済、社会、政治の諸領域で安定をめざす新たな動きが起こることになる。

第一に、経済領域への政治の介入が強化されていく。スイスにおける経済と政治の関係は、1848 年の連邦国家成立以来長らく、古典的な自由主義を基調として展開してきたが[36]、戦間期になると状況は変化する。経済団体が具体的な政策を提案し、連邦政府がそれを議会に諮るという政策決定のあり方が定着し、国政に大きな影響力をもつようになる。特に主要な四つの経済団体は、自らの利益を国政に反映させるため、レファレンダム（国民投票制度）を利用できるほどの力をもっていた。それゆえ、連邦政府が法律の作成に際して、議会審議に先立ちそれらの団体と事前に協議する手続き（意見聴取手続）が形成されていくことになる。

世界恐慌の影響がスイスに及び、経済への政策的介入の要求がいっそう高まると、全国レベルで組織化した経済団体の政治的影響力が、州レベルで分立し相対的に弱体な政党を補完する形でさらに強まった。1930 年代に入ると、それまで重視されてきた営業の自由に代わり、「経済の政治化」ならび

---

35 アンドルー・ゴードン（豊田真穂訳）「消費、生活、娯楽の『貫戦史』」『岩波講座 アジア・太平洋戦争 6 日常生活の中の総力戦』岩波書店、2006 年、123-152 頁。同様の問題意識から、同時期の消費と観光に注目した研究として、ケネス・ルオフ（木村剛久訳）『紀元二千六百年──消費と観光のナショナリズム』朝日新聞出版、2010 年がある。戦後のマス・ツーリズムとの関連を意識した観光史研究としては、高岡裕之「観光・厚生・旅行──ファシズム期のツーリズム」赤澤史朗・北河賢三編『文化とファシズム──戦時期日本における文化の光芒』日本経済評論社、1993 年、9-52 頁がある。

36 黒澤隆文「アルプスの孤高の小国 スイス」渡辺尚編著『ヨーロッパの発見──地域史のなかの国境と市場』有斐閣、2000 年、191-193、198-201 頁。

に「政治の経済化」ともいうべき動きが加速した。これにより、民間、ある
いは半官半民勢力が国家と立法過程に強い影響力を及ぼすという、「自由主
義的コーポラティズム」と呼ばれるシステムが形成された。経済団体の国政
への参入は、戦後の 1947 年に国民投票による可決を経て連邦憲法に盛り込
まれる。コーポラティズム的な経済政策立案の手法は、こうして正式に承認
され、現代スイスの経済体制を規定するにいたったのである[37]。

　第二に、社会面では労使間の融和が進む。1937 年 7 月 19 日に、金属・時
計産業部門の労使双方の代表者が、向こう 10 年間のストライキ・ロックアウ
トを行わないことを取り決めた。これは「労使間平和協定」（Arbeitsfrieden）
と呼ばれるもので、1918 年のゼネストに代表される労使関係の激しい対立
を、国家による干渉を防ぐ形で終結させる契機として評価されている。さら
に、1943 年にはこうした労使契約がすべての経済部門で義務化された。こ
うした動きは、「ソーシャル・パートナーシップ」（Sozialpartnerschaft）と
呼ばれる社会協調体制の起点として、スイス史研究のなかで重要視されてき
た[38]。

　第三に、政治的にも大きな転換が同時期に生じる。「労使間平和協定」に
先立ち、スイス社会民主党（Sozialdemokratische Partei der Schweiz, 以下
「社会民主党」）は、1935 年のルツェルン党大会で、体制内での社会主義達
成を目標に掲げてプロレタリア独裁の方針を放棄し、中立・独立維持のため
の国防を許容する姿勢を示した。同年の国民院選挙で社会民主党は 50 議席
を獲得し、第一党に躍進する。さらに、国際情勢が緊迫化するにつれ、それ

37　Jakob Tanner, "Staat und Wirtschaft in der Schweiz: Interventionistische Massnahmen und Politik als Ritual", in: Brigitte Studer (Hg.), *Etappen des Bundesstaates: Staats- und Nationsbildung der Schweiz, 1848-1998*, Zürich 1998, S. 237-260; ハンス・チェニ（小林武訳）『現代民主政の統治者――スイス政治制度とロビイストたち』信山社出版、1999 年、53-57 頁、独立専門家委員会　スイス＝第二次大戦編『中立国スイスとナチズム』、52-53 頁。

38　Bernard Degen, "Arbeitsfrieden", in: Die Stiftung Historisches Lexikon der Schweiz (Hg.), *Historisches Lexikon der Schweiz*, Bd. 1, Basel 2002, S. 455-456; Id., "Sozialpartnerschaft", in: Die Stiftung Historisches Lexikon der Schweiz (Hg.), *Historisches Lexikon der Schweiz*, Bd. 11, Basel 2012, S. 662.

まで社会民主党に対峙して政権を担ってきた「ブルジョワ・ブロック」(キリスト教人民党・自由民主党・農工市民党から構成)の側でも、左派を含む形で国民の統合を進めることが政治的課題に浮上していた。他方で、共産党が1937年に非合法化され、翌年には戦線派が警察の監視対象となったことで、スイス政治から極左と極右が排除された。そして、1943年にははじめて社会民主党から一名が連邦内閣に参加し、「全政党政府」が成立する[39]。戦後の一時期を除き、この「全政党政府」は紆余曲折を経つつもこれまで堅持されている。

　確かにここに挙げた三つの変化は、現代スイスの国家体制を基礎付けたものとして大きな意義があることは否定できない。しかし、この点を強調しすぎることは、先に述べた「特殊例」としてのスイス史像を再生産することにもつながりかねない。現実に、この体制は同時期の「精神的国土防衛」(Geistige Landesverteidigung)というナショナリズム運動によって補強されたものでもある。この言葉自体は1920年代末からみられたが、1938年12月9日には、連邦内閣がスイス文化の保護と振興の必要性を訴える教書を議会に送付し、いわば国策となった。この背景には、ドイツのオーストリア併合やチェコスロヴァキア侵攻による国際情勢の緊迫化があり、スイスは自国の国民統合に強い危機感を覚えていた。精神的国土防衛の目的は、スイスのもつ言語的・文化的多様性や民主主義体制を称揚し、共産主義あるいはナチズムの脅威に対抗して、国民の統合を図ることにあった。

　しかし、この運動のなかで強調された「スイスの独自性」とは、公的に具体化されたわけではなかった。むしろその内容があいまいであったことによって、精神的国土防衛とは、極左と極右を除く、さまざまな陣営に開かれ

39　労働組合と社会民主主義者の統合過程については、Bernard Degen, "Wer darf mitregieren?: Die Integration der Opposition als Gnadenakt", in: Studer (Hg.), *Etappen des Bundesstaates*, S. 152-156; 田口晃「戦間期スイスにおける分裂と統合——スイス社会民主党の方向転換をめぐって」ヨーロッパ現代史研究会編『国民国家の分裂と統合——戦間期ヨーロッパの経験』北樹出版、1988年、229-259頁を参照。

た運動になった[40]。従来、精神的国土防衛の内容については、主に文化的側面を中心に研究されてきたが、社会・経済政策面における影響も無視できない。左派の側からも、外へ向けてはナチズムに強く抵抗し、内に向けては社会的平等をめざす政策の実現への期待を込めて、精神的国土防衛を支えていくことになるのである[41]。こうした戦間期の変化と同時代の観光業とのかかわりについては、節を改めて議論したい。

第3節　スイス観光業の歴史——研究動向

(1)　近代ツーリズムとスイス

　アルプスの山岳地域を主たる観光資源として、「ヨーロッパの行楽地（The playground of Europe）」となったスイスは、高度な政治的・社会的安定のもとで順調に観光業を発展させた、「観光の19世紀」を象徴する国の一つである。しかし、その知名度に比較して、スイス観光史への関心は高くなかった。確かに、スイスは日本でも「観光立国」としてのイメージが強いが、経済史研究では、スイスの経済発展の基盤であった製造業をはじめとする工業が重視されたため、観光業の意義は注目されてこなかった[42]。加えて、観光

40　Marco Jorio, "Geistige Landesverteidigung", in: Die Stiftung Historisches Lexikon der Schweiz (Hg.), *Historisches Lexikon der Schweiz*, Bd. 5, Basel 2006, S. 163-165.

41　Josef Mooser, "Die «Geistige Landesverteidigung» in den 1930er Jahren", in: *Schweizerische Zeitschrift für Geschichte/Revue Suisse d'Histoire/Rivista Storica Svizzera*, 47 (1997), S. 701-702; 独立専門家委員会　スイス＝第二次大戦編『中立国スイスとナチズム』、50-52、64-65頁、最近では葉柳和則「チューリヒ劇場と社会・文化的文脈」同編『ナチスと闘った劇場——精神的国土防衛とチューリヒ劇場の「伝説」』春風社、2021年、1-53頁が精神的国土防衛の中身と研究動向を詳述している。

42　スイス経済史における観光業の位置づけについては、黒澤『近代スイス経済の形成』、4頁を参照。経済史の手引書における観光の概観としては、Laurent Tissot, "Der Tourismusstandort Schweiz", in: Patrick Halbeisen/Margrit Müller/Béatrice Veyrassat (Hg.), *Wirtschaftsgeschichte der Schweiz im 20. Jahrhundert*, Basel 2012, S. 553-567がある。邦語文献では、河村英和『観光大国スイスの誕生——「辺境」から「崇高なる美の国」へ』平凡社、2013年がある。

業は旅行業や宿泊業をはじめとする複数の産業の交差する複合的な産業のた
め、経済史の分析対象としてなじみにくかったことも背景にあると思われ
る。

　近年では、スイス史の主要概説書においても観光が取り上げられており、
状況は変わりつつある[43]。しかし、その関心は、スイス観光業が黄金時代を
迎える19世紀後半から20世紀初頭にかけての時代に集中している。たとえ
ば、観光史研究の嚆矢といえるP・ピュンテナー（Peter Püntener）の論文
は、19世紀後半から第一次世界大戦直前までの宿泊業の規模を検証し、こ
の時期にスイスがマス・ツーリズムを迎えることになったと指摘してい
る[44]。しかし、この研究からは「マス・ツーリズム」のさす意味が明らかで
はなく、当時の観光業の経済的な規模の確認にとどまっており、観光の社会
的意義についても看過されている。

　他方で、個々の観光地に焦点をあてた、社会史や文化史にかかわる研究も
いくつか存在する[45]。L・ティソ（Laurent Tissot）は、19世紀のイギリス
人によるスイス旅行がきっかけとなって、旅行ガイドブック、鉄道などの交
通機関、それに旅行代理店が整備されていく過程を明らかにした[46]。ティソ
の関心は、のちにスイスの観光業へ向かい、鉄道建設を契機とするベルナー
オーバーラントの観光地開発や、宿泊業に焦点をあて、観光業の発展モデル

43　Laurent Tissot, "Alpen, Tourismus, Fremdenverkehr", in: Georg Kreis (Hg.), *Die Geschichte der Schweiz*, Basel 2014, S. 482-485.

44　Peter Püntener, "Der Beitrag des Fremdenverkehrs zur Entwicklung der Schweizer Wirtschaft (1850-1913)", in: Andreas Ernst et al. (Hg.), *Kontinuität und Krise: Sozialer Wandel als Lernprozes*, Zürich 1994, S. 51-59. 同時期のベルナーオーバーラントを扱った研究として、Arthur Schärli, *Höhepunkt des schweizerischen Tourismus in der Zeit der «Belle Epoque» unter besonderer Berücksichtigung des Berner Oberlandes: Kulturgeschichtliche Regionalstudie*, Bern 1984 がある。

45　英語圏での先駆的研究として、Paul P. Bernard, *Rush to the Alps: The Evolution of Vacationing in Switzerland*, Boulder/New York, 1978 がある。

46　Laurent Tissot, "How did the British conquer Switzerland?: Guidebooks, Railways, Travel Agencies, 1850-1914", in: *The Journal of Transport History*, 16 (1995), pp. 21-54; Id., *Naissance d'une industrie touristique: les Anglais et la Suisse au XIXe siècle*, Lausanne 2000.

を提示している[47]。近年では、スイス・アルプスの観光地化について、そこで確立したモデルが世界各地に普及したという見解を提起するなど[48]、スイス観光のもつ歴史的意義を広い視野から展望しており、学ぶべき点は多い。ただし、ティソの事例研究の対象は、スイス観光業が隆盛した19世紀から20世紀初頭までが中心であり、第一次世界大戦以降については関心の外にある。

　第一次世界大戦の勃発以降、スイス観光業は「暗黒時代」に突入する。二つの世界大戦による国際観光の停止、1930年代の政治的・経済的危機、さらに、先進諸国における大衆化の進行といった事態は、従来の観光のあり方を根底から揺るがした。こうした危機への観光業の対応は、特に1930年代以降顕著となる。いくつか例を挙げよう。スイス観光連盟設立（1932年）、観光統計の開始（1934年）、スイス旅行公庫協同組合設立（1939年）、スイス観光事務所の改組（1940年）、ベルン大学法学部観光研究所設立（1941年）、ザンクト・ガレン商科大学観光講座設立（1941年）。これら一連の対応は、ドイツやフランスなどの周辺諸国と異なり、政府や政党、労働組合などではなく、いずれも観光業界によって主導された点に特徴がある。また、スイスが中立国であったために、第二次世界大戦の勃発後も、観光のあり方をめぐる構想が継続されていた点も特筆される[49]。1930年代から1940年代にかけてのスイスの観光をとりまく変化、特に観光業界の動向を検討することは、ヨーロッパにおける19世紀以来の観光の大衆化と戦後のマス・ツー

47　Id., "À travers les Alpes: Le Montreux-Oberland Bernois ou la construction d'un système touristique, 1900-1970", in: Thomas Busset/Luigi Lorenzetti/Jon Mathieu (éd.), *Tourisme et changements culturels/Tourismus und kultureller Wandel* (*Histoire des Alpes*, Nr. 9/2004), Zürich 2004, pp. 227-244; Id., "Tourism in Austria and Switzerland: Models of Development and Crises, 1880-1960", in: Timo Myllyntaus (ed.), *Economic Crises and Restructuring in History: Experiences of Small Countries*, St. Katharinen 1998, pp. 285-302.

48　Id., "From Alpine Tourism to the "Alpinization" of Tourism", in: Eric G. E. Zuelow (ed.), *Touring Beyond the Nation: A Transnational Approach to European Tourism History*, Farnham 2011, pp. 59-78.

49　この点を簡潔に紹介した研究として、Hansruedi Müller/Anna Amacher Hoppler, "Tourism in a neutral country sorrounded by war: The case of Switzerland", in: Richard Butler/Wantansee Suntikul (ed.), *Tourism and War*, London/New York 2013, pp. 106-118 がある。

リズム現象との間のつながりを描くことを可能にする。換言すれば、観光の
「近代」と「現代」との間を接続する、過渡期の様相を具体的に示すことに
つながると思われる。

(2) 先行研究

　先述のとおり、1930 年代から 40 年代にかけてのスイスは、「大衆化」と
「差別化」のせめぎあいを経て、第二次世界大戦後のマス・ツーリズムへい
たる流れを理解するための重要な事例を提供している。しかし、これまでの
観光研究では、この時代・地域の意義が看過されているように思われる[50]。
ここに注目することで、「観光の 19 世紀」と「観光の 20 世紀」との連続性
をより明確にできるのではないだろうか[51]。

　第一次世界大戦を通じて大打撃を受けたスイス観光業であったが、1920
年代には周辺諸国の政治・経済・社会状況が「相対的安定」を迎え、観光業
もある程度復調していく。しかし、それも 1930 年代に入ると世界恐慌の余
波で再び危機に見舞われる。ただし、この危機は景気悪化が直接の原因であ
ることは確かだが、観光の需要動向にかかわる社会的な構造変化が背景にあ
ることは、すでに一部の同時代人にも意識されていた。たとえば、19 世紀
末からのスイス観光の動向を分析した H・ゲルデン（Hubert Gölden）によ
る博士論文（1939 年）は、大衆化を含む構造的変化をいち早く指摘した研
究として、依然重要である[52]。

　歴史研究として、戦間期を観光業の危機の時代ととらえ、それをとりまく
状況の変化を描いたのが、M・シュヴァイツァー（Markus Schweizer）の

50　たとえば、須藤「観光の近代と現代」においても、産業化・システム化へ向かう近代観光の
　　創生期として 19-20 世紀転換期に注目するが、戦間期について特段の言及はない。
51　目的論的な観光史叙述への批判として、Hachtmann, *Tourismus-Geschichte*, S. 20; ジョン・
　　ブルーア（大橋里見訳）「ヴェスヴィオに登る──ツーリズムの歴史を読み直す」草光俊雄・眞
　　嶋史叙監修『シリーズ消費文化史　欲望と消費の系譜』NTT 出版、2014 年、61-91 頁も参照。
52　Hubert Gölden, *Strukturwandlungen des schweizerischen Fremdenverkehrs 1890-1935*, Diss.,
　　Zürich 1939.

未公刊修士論文である[53]。彼の研究は、観光客の増減や自動車をはじめとする新しい交通機関の登場、さらに連邦政府や観光業界による危機への対応まで網羅的に検討している。それによると、第一次世界大戦後に生じた観光業の危機の要因は、それをとりまく政治・経済・社会の変動以上に、業界自体の構造に帰せられる。危機に対する連邦政府の政策は、宿泊業界の救済に的をしぼった時限的な非常措置にとどまり、積極的な観光政策の形成は、戦間期の末を待たなければならなかった。戦間期にとられた政策は、危機の根本的解決に導くものではなかったが、連邦政府による介入を一定程度許容する第二次世界大戦後のスイスの経済政策に先駆けたものとして意義があるとされる。スイス観光業は、戦間期の危機によって構造的に変化したとはいえないが、戦間期の終わりにマス・ツーリズムの萌芽がみられ、第二次世界大戦後の飛躍的発展の兆候を認めることができると結論する。彼の研究は、戦間期の観光業にかかわる対象を網羅的に扱っているため、個別の論点に関する実証分析が不十分ではあるが、視野の広がりという点ではきわめて有益な研究である。

　前節でも言及したケーニヒは別の著作で、科学技術史への関心から、スイス・アルプスの山岳鉄道やケーブルカーなどの新技術を導入した観光地開発と、自然保護運動との間に生じた摩擦について論じている。特に、開発が活発化する1870年から1939年にかけての時代を対象に扱っている。本研究は、観光地における開発への反発と受容のありようを解明し、技術史・交通史・環境史の視点から、第一次世界大戦をはさんで観光のあり方が変化することを明らかにした貴重な成果といえるが、観光業界による大衆化を意識した対応については論究されていない[54]。

　スイス人の余暇の歴史を検討する過程で、戦間期の観光業界に注目したの

53　Markus Schweizer, *Krise und Wandel: Der schweizerische Fremdenverkehr in der Zwischenkriegszeit 1918-1939*, Liz., Zürich 1989.

54　Wolfgang König, *Bahnen und Berge: Verkehrstechnik, Tourismus und Naturschutz in den Schweizer Alpen 1870-1939*, Wien 2000.

がB・シューマッハ（Beatrice Schumacher）の研究である。彼女は、1930年代以降の危機の時代における観光業界、特に宿泊業界の対応について具体的に論じ、世界恐慌の到来によって、観光業界が従来の業界の構造維持を図るのか、または新しい方向性を探るのかという選択肢の間で揺れる過程を描いている[55]。彼女は、既存の観光業界の外部にも目を向けて、「ホテルプラン協同組合」（後述）という大衆化に積極的な事業者に注目し、戦間期にそれまでのスイス観光のあり方が問われたことを明らかにしている[56]。さらに、観光業界が主導して1939年に設立された、「スイス旅行公庫協同組合」とホテルプラン協同組合の観光に対する姿勢を比較している[57]。

　1930年代以降のスイス観光業の変化を明らかにしたシューマッハの一連の研究は、筆者の問題関心と多くの面で重なり、本書においても参考にした部分は多い。ただし、日常史や文化史の手法を用いた余暇解釈・実践の解明に関心をもつシューマッハは、「余暇の民主化」に代表される目的論的発想を批判する立場から、観光業の歴史という視点を退けている[58]。そのため、他の観光史研究と関連付けた総括は明示的に行われていない。

（3）本書の課題と構成

　繰り返しになるが、本書の関心は、戦間期（特に1930年代）から1940年代にかけてのスイスで、観光と観光業が同時期の政治・経済・社会状況のなかでどのように変容し、戦後のマス・ツーリズム状況へ向かっていくのかを

55　Beatrice Schumacher, "Krise im Reiseland par excellence: Zum Umgang mit Krisen von Hotellerie und Fremdenverkehr in der Schweiz", in: *Traverse: Zeitschrift für Geschichte*, 10 (1997), S. 81-96.

56　Id., "«Genuss in Überfluss»: Entwürfe von <Massentourismus> in der Schweiz 1935 bis 1948", in: *Voyage: Jahrbuch für Reise- & Tourismusforschung*, 1 (1997), S. 120-135.

57　Id., "Ferien für alle: Konsumgut oder touristische Sozialpolitik?: Die Ferienentwürfe von Hotelplan Reisekasse Ende der 30er Jahre", in: Jakob Tanner et al. (Hg.), *Geschichte der Konsumgesellschaft. Märkte, Kultur und Identität*, Zürich 1998, S. 257-275.

58　Id., *Ferien: Interpretationen und Popularisierung eines Bedürfnisses Schweiz 1890-1950*, Wien 2002. ここでは、S. 9-26 を参照。

探ることにある。その際に、19-20世紀の観光史を1960年代のマス・ツーリズムを到達点とする、単線的な歴史観を前提とはしない（シューマッハが従来の観光史に示した批判も、この点と関係しているように思われる）[59]。本書は、その間にあった大衆化と差別化をめぐるせめぎあいに注目するものである。

　先行研究が示唆するように、1930年代のスイスは観光の転換期であった。特に、経済的危機にともなう観光客数の激減が、業界や連邦政府に政策的対応を迫る動因であったことは確かであり、その経済史的検討は必要である。19世紀末以来、国内の地域間競争が激しかったため、連邦レベルの観光宣伝組織の設置すらスムーズに進まなかったスイスで、業界が結束するきっかけになったという点でも経済的要因は無視できない。本書の前半では、19-20世紀転換期以降のスイスで、「観光業」の存在と振興の必要性が認識され、国内外の動向から影響を受けて組織化していく過程を扱う。

　第1章「「ベル・エポック」の終焉——宿泊業界の危機感」では、19世紀スイスの近代ツーリズム形成について概観したうえで、宿泊業界が観光業の利益代表として行動し、連邦政府に対しても政策形成において影響を与えたことを確認する。

　第2章「スイスを宣伝する——観光振興組織の設立と再編」では、スイスで国家が観光振興に関与した最初の事例として、1918年のスイス観光事務所設立をめぐる議論を検討する。以上の検討を通じて、1930年代以前の観光業界と観光振興の特徴を把握する。

　第3章「観光業の結集——スイス観光連盟による危機への対応」では、1932年に設立された業界団体「スイス観光連盟」の活動に着目し、観光業の組織化とその背景にあった、観光の質的変化を明らかにする。

　本書の後半では、政治・経済・社会の状況が変化するなかで観光が危機的状況を迎える1930年代以降を対象に、観光業界の模索を検討する。その際に、大衆化に対する観光業界の対応を中心に議論する。

59　Ebd., S. 10-11.

第4章「「安価なスイス」へようこそ——ホテルプラン協同組合による大衆化の試み」では、スイス最大の小売業者「ミグロ」の創業者であり、政界にも進出したG・ドゥットヴァイラー（Gottlieb Duttweiler）によるホテルプラン協同組合の観光業復興の取り組みと、それに対峙した観光業界の反応を検討する。その際に、国内外の政治的文脈にも留意する。

第5章「「スイス的」な旅行団体の誕生——スイス旅行公庫協同組合と観光業界」では、観光業界が主導して1939年に設立された、スイス旅行公庫協同組合の設立過程を扱う。国内の中間層から労働者層にいたる余暇の社会的普及をめざした、この団体の設立当初の性格について明らかにする。

第6章「「準備の時代」——科学的観光論における戦後構想」では、スイスで生まれた観光研究が制度化されていくなかで、戦後のマス・ツーリズム現象を展望した、観光のあり方をめぐる議論の内容を検討し、観光の社会的意義が現在につながるものへと変化しつつあったことを示したい。

なお、第1章から第6章までの章末には、「まとめ」の項目を設けている。この部分を読むことで、各章の概要を理解できるようにしている。あらかじめ本書の全体像をつかむには、各章のまとめを通して読まれるとよいだろう。

最後に、本書の分析で扱う史料について説明しておく。観光業界による連邦レベルでの観光振興策を検討する際には、スイスホテル協会（Schweizer Hotelier Verein）やスイス観光連盟（Schweizerischer Fremdenverkehrsverband）といった、業界団体の発行する年次報告書や業界紙、記念誌などの刊行物を参照した。また、連邦政府・議会での議論については、必要に応じて、連邦政府の発行する官報（*Bundesblatt*）や連邦議会の議事録（*Amtliches Stenographisches Bulletin*）を使用した。観光宣伝組織や旅行団体、それに大学といった、本書で扱う主要な組織の活動については、事業報告書など、各組織の発行する同時代の刊行物を使用したのをはじめ、スイス連邦文書館（Schweizerisches Bundesarchiv）やRekaの資料室が所蔵する未公刊史料を活用した。

第1章 「ベル・エポック」の終焉
――宿泊業界の危機感

　本章では、19-20世紀転換期に形成されたスイス観光業の特徴について、宿泊業界の動向を手がかりに明らかにしたい。周知のように19世紀末、アルプスの山岳地域を擁するスイスの観光業は隆盛を迎え、第一次世界大戦の勃発直前まで、スイスにおけるホテルの宿泊数は右肩上がりに上昇した。この時代に、スイスはヨーロッパの代表的な観光国として、確固たる地位を築いたのである。当時の観光業の発展は、インフラの整備によって可能になった側面が大きい。ティソは、とりわけ山岳鉄道をはじめとする交通機関の果たした役割を重視し、その敷設がひきがねとなって、宿泊施設や娯楽施設が整備されていく過程を論じた。その際に彼は、技術史家T・P・ヒューズ（Thomas Parke Hughes）の研究を援用する。ヒューズは、システム形成の際の技術発展と社会的変化との関係に着目して「電力システム」の形成を論じたが、ティソは、スイスの観光史を一つの社会技術システムとしての観光（「観光システム」）が形成されていく過程であると考えたのである[1]。

　しかし、スイスの場合、宿泊業、運輸業、旅行業などさまざまな産業を包括する、一体的な産業としての「観光業」に対する認識は、必ずしもその経済的重要性の高まりと並行して定着したわけではない。それは、観光関連産業、とりわけ宿泊業界の組織化と組織を基盤とした業界利益が主張された結果、はじめて意識されるようになったのである。同時に、この組織化は当初から限界をはらんでいた。それは、「観光業」としての一体性の欠如である。

1　Tissot, "À travers les Alpes", pp. 227-244 ; Id., "Dévelppement des transport et tourisme: quelles relations?", in: *Schweizerische Zeitschrift für Geschichte/Revue Suisse d'Histoire/Rivista Storica Svizzera* 56（2006）, pp. 31-37.

結論を先取りすると、観光に関係する個々の業界や地域が、個別にそれらの利益を追求したために、観光の現状を観光業界全体として、国家の次元から俯瞰的に考える立場は、そもそも成立しえなかったのである。

　以下の本論では、スイスの宿泊業界の動向を検討することで、観光業が産業としての存在感を誇示するようになる過程を明らかにし、形成期の観光業の発展へ向けた努力と、その限界を指摘する。まず第 1 節では、スイスにおける観光業の形成過程を概観する。第 2 節では、第一次世界大戦の前から、観光業の重要性を強く主張していたホテルの業界団体、スイスホテル協会（Schweizer Hotelier Verein, 以下、「ホテル協会」）の立場について、スイス内国博覧会（1914 年）の事例を手がかりに検討する。第 3 節では、1910 年代から 1920 年代にかけての連邦政府によるホテル支援策と、その意味について考察する。

第 1 節　スイスにおける近代ツーリズムの展開

　アルプスは、現在でこそスイスの主要な観光資源となっているが、近世までは悪魔の棲む土地として、人びとの恐怖の対象であった。転機は 18 世紀に訪れる。ベルン出身の医師アルブレヒト・フォン・ハラー（Albrecht von Haller）が、詩「アルプス」（*Die Alpen*）（1729 年）で称揚し、ジュネーヴ出身の思想家 J＝J・ルソー（Jean-Jacques Rousseau）が「自然へ帰れ」と提起したことをきっかけとして、アルプスは「文明」や「都市」に対置される憧憬の地となる。18 世紀末から 19 世紀初頭にかけて、スイスは主にイギリスの貴族によるフランスやイタリアへのグランドツアーの通過地点として知られるようになり[2]、19 世紀前半には近代スポーツとしての登山（アルピニズム）が高まりをみせる。

　19 世紀後半になると、工業化・産業化の進行にともなって、特にイギリ

2　Schärli, *Höhepunkt des schweizerischen Tourismus*, S. 6-9.

スからの観光客が急増する。その背景として、メディアと交通インフラの発達が挙げられる。すなわち、旅行ガイドブックの普及によって、人びとは行き先の情報を容易に入手することが可能になった。また、鉄道をはじめとする交通網の整備は、諸外国からスイスへの移動時間を短縮し、大量の人びとの輸送を実現した。さらに、トマス・クック社に代表されるイギリスの旅行代理店は、スイスの主要都市や観光地に事務所を設置し、現地の鉄道会社やホテルと協定を結んで、チケットやクーポンを観光客に提供した[3]。鉄道会社や宿泊業界の側でもこうした動きを歓迎したため、旅行代理店の進出はスムーズに進み、スイスはイギリス人の主要な観光地の一つとして定着することになったのである[4]。

　イギリス人を主要な顧客としてスタートした観光業は、独仏戦争（1870-71年）の後に大きな転機を迎える。隣国ドイツからの観光客の増加である。1873年にドイツで一部の公務員を対象にした有給休暇制度が定められて以降、その適用範囲は徐々に拡大した。スイスを旅行するドイツ人は急増し、1880年代に入るとイギリス人の数をしのぐほどになった。休暇の広がりと鉄道という交通インフラのさらなる拡大によって、スイスにおける観光の規模は成長し、それに参画できる社会階層も、それまでの貴族や教養市民層にとどまらず、職員層をはじめとする新中間層の人びとへも広がった[5]。その結果、観光客は第一次世界大戦の直前まで恒常的に増加した。一つの目安として宿泊数を参照すると、1894年から1905年の約10年間で、約950万泊から約1850万泊へと倍増し、1913年には約2200万泊を記録している[6]。

3　Tissot, "How did the British conquer Switzerland?", pp. 21-54; ブレンドン『トマス・クック物語』。トマス・クックによる最初のスイス旅行については、同書の141-143頁を参照。

4　Tissot, "Tourism in Austria and Switzerland", p. 286.

5　Püntener, "Der Beitrag des Fremdenverkehrs", S. 51-59; Hasso Spode, *Wie die Deutschen "Reiseweltmeister" wurden: Eine Einführung in die Tourismusgeschichte*, Erfurt 2003, S. 66 70.

6　A. Koller, "Entwicklung und Umfang des Fremdenverkehrs in der Schweiz", in: *Zeitschrift für schweizerische Statistik und Volkswirtschaft*, 77 (1941), S. 54.

19-20 世紀転換期に、スイスの観光業の量的規模は、第二次世界大戦後の
1960 年代に入るまで再び越えることのないほどのピークを迎えたのである[7]。

　19 世紀後半から第一次世界大戦勃発まで、スイスの主要観光シーズンは、
夏季であった。19 世紀末には、イギリス人を通じてスキーやそり、スケー
トをはじめとするウィンタースポーツが導入されていたが、冬場は多くの地
域でホテルが営業を休止しており、冬季の観光の規模は大きいものではな
かった[8]。

　周知のように、「ヨーロッパの行楽地」(L・スティーヴン [Leslie Stephen])
とも形容されたスイスの代表的観光地は、アルプス地域であった。とりわ
け、ベルナーオーバーラント山群の集落グリンデルヴァルトやその玄関口イ
ンターラーケン、ヴァリスアルプスの拠点ツェルマット、それに結核の保養
地として知られる、スイス南東部のダヴォスやサン・モリッツなどであっ
た。こうした観光地の開発においても、交通インフラの整備が重要な役割を
果たしている[9]。

　以上に挙げたアルプスの観光地には、山岳鉄道が建設され、従来はアクセ
スの容易でなかった土地にも観光が浸透した。ルツェルン近郊のフィーア
ヴァルトシュテッテ湖を見下ろすリギ山には、1871 年にヨーロッパ初の登
山鉄道が建設された。ダヴォスでは、すでに 1870 年代からウィンタース
ポーツが盛んとなり、1899 年にはそりの滑走路への連絡鉄道としてケーブ
ルカーが開業している。グリンデルヴァルトやラウターブルンネンといった
ベルナーオーバーラントの峡谷地域では、1890 年代に山岳鉄道網が形成さ
れている。山岳鉄道のシンボル的存在といえるのが、1894 年に建設を開始

7　König, *Bahnen und Berge*, S. 15-17.

8　Ebd., S. 212.

9　ベルナーオーバーラントの観光開発については、Schärli, *Höhepunkt des schweizerischen
　Tourismus*、ツェルマットについては、Christoph Maria Merki, "Ein aussergewöhnliche Landschaft
　als Kapital: Destinationsmanagement im 19. Jahrhundert am Beispiel von Zermatt", in:
　Thomas Busset/Luigi Lorenzetti/Jon Mathieu (éd.), *Tourisme et changements culturels/Tourismus
　und kultureller Wandel* (*Histoire des Alpes*, Nr. 9/2004), Zürich 2004, S. 181-201 を参照。

したユングフラウ鉄道であろう。1912年に完成したこの登山鉄道は、山中にトンネルを通し、標高3457メートルのユングフラウの頂上近くまで乗客を運んだのである。

このように、19世紀半ば以降急速に発展する観光業はスイス経済に恩恵を与えたが、なかでも急成長したのが宿泊業界であった。19世紀末の宿泊業界の組織化からもその勢いがうかがえる。まず、1882年に業界団体スイス旅館業協会（Verein schweizerischer Gastwirte）が結成された。この団体は、1890年に名称をスイスホテル協会と改め、加盟ホテルの数を創設時の65から、195（1890年）、810（1900年）、1108（1910年）、1231（1915年）へと急速に増やしていく[10]。

中上級のホテルにより構成されるホテル協会の業務は、機関紙『スイスホテル評論』（*Schweizer Hotel-Revue*）を通じた宿泊業界の主張の公表、1893年にローザンヌのウシーに設立したホテル専門学校の運営、三言語によるホテルガイドブックの刊行、さらにホテルの置かれている状況に関する統計調査の実施が含まれていた[11]。ホテル協会は、1930年代にいたるまでスイス観光業界の利益代表として、観光業の振興や、次章で検討する観光振興組織の設立過程で大きく貢献することになる[12]。

ティソは、ホテル協会に代表される宿泊業界が、19-20世紀転換期から第一次世界大戦期にかけて果たした役割について、同時期の観光の傾向と関連させながら分析している。当時は、急増する観光客に対応して、スイスに多数のホテルが建設された。その数は、1894年には1693軒であったが、1912年には3585軒となり、18年でほぼ倍増している[13]。ホテルの経営規模の傾

10　Zentralbureau des Schweizer Hotelier-Vereins (Hg.), *Zur Erinnerung an die Schweizerische Landesausstellung Bern 1914* (以下、ZSHV (Hg.), *Zur Erinnerung*), Basel 1915, S. IX.

11　Ebd.

12　第3章で詳述するように、観光業界全体を代表する業界団体の組織化は、スイス観光連盟の設立（1932年）によって実現する。Schumacher, "Krise im Reiseland par excellence", S. 12.

13　Tissot, "Tourism in Austria and Switzerland", p. 287. ティソはホテルの数を概数（1700軒と3500軒）で示しているうえに、出典を明記していない。また、約1700軒を記録した年を1884 ↗

向にも変化があった。1905 年時点では 100 台以上のベッドを擁するホテル数の増加がみられるものの、大戦勃発直前の 1912 年には、50 台未満のベッド数しか保有しない小規模経営のホテルの数が全体の 73% を占めており、19 世紀末の 1894 年と同程度の水準に戻っている[14]。ティソは、こうしたホテルの急増と小規模化という傾向が生じた要因として、ホテル経営者が、快適さやサービスの質を求める高級志向の観光需要に対応したこと、それに、オーストリア、バイエルン、そしてフランスといった周辺諸国のアルプス地域との競争を重視していたことを指摘している[15]。さらに、銀行による投資も、ホテルの増設を後押ししていた[16]。

　以上のように、宿泊業界は急速に拡大していくが、業界の内部では、観光業が商工業、農業、運輸業など、さまざまな産業に相当な経済的影響を与え、スイスに実り豊かな利益をもたらしているにもかかわらず、その意義が国民に十分に理解されていないという不満の声が上がっていた。その存在感をアピールする機会として注目されたのが、スイス内国博覧会である。

第 2 節　スイス内国博覧会にみる宿泊業界の危機感

　1914 年 5 月 15 日に首都ベルンで開幕したスイス内国博覧会（Schweizerische Landesausstellung, 以下、「ベルン博覧会」）は、チューリヒ博覧会（1883年）、ジュネーヴ博覧会（1896 年）に続く、三回目の内国博覧会である。会場は、ベルン北西部「ブレムガルテンの森」に隣接する三地区（ノイフェルト Neufeld/ ミッテルフェルト Mittelfeld/ フィーラーフェルト Viererfeld）にまたがり、スイス諸産業の到達点を展示するためのパビリオンが建設され

　年としているが、正しくは 1894 年であると思われる。引用数値の出典は ZSHV（Hg.）, *Zur Erinnerung*, S. 18 によっている。

14　Tissot, "Tourism in Austria and Switzerland", p. 287.

15　Ibid., p. 288.

16　Ibid., pp. 288-289.

た。入場者数は、この年の 8 月に第一次世界大戦が勃発したことも影響して、一時的に減少したが、会期全体で約 320 万人を記録し、また約 35000 フランの黒字を収めた。また、10 月 15 日までとされた当初の会期は、11 月 1日まで延長されている[17]。

　この博覧会開催にあたって、ホテル協会は、1912 年 6 月 13 日の総会で参加を決定し、スイス観光協会連盟（Verband schweizerischer Verkehrsverein, 以下、「観光協会連盟」）、スイス旅館飲食業協会（Schweizerischen Wirtverein）という二つの組織とともに、第 40 グループ「ホテル・飲食業と観光」の運営を委託された[18]。

　これら三団体は、博覧会で展示を行うにあたって、「ホスペス」協同組合（Genossenschaft "Hospes"）を結成した。構成メンバーは、スイス各地のホテル経営者や観光協会、飲食業者など計 489 の団体・個人に及んだ。7 名の理事のうち、理事長を含む 4 名がホテル経営者であり、15 名から構成される評議会のなかで、ホテル経営者は 7 名と、ホテル関係者が中心であったことがうかがえる[19]。

　また、パビリオンの建設費の 27 万 5 千フランは、「ホスペス」を構成するメンバーからの 23 万 5 千フランの出資金と博覧会事務局からの補助金 4 万フランでまかなわれた。「ホスペス」による出資は、上記三団体からも行われた。その際に、他の二団体がそれぞれ 1 万フランの出資であったのに対し、ホテル協会からは 6 万フランを出資した。このように、「ホスペス」の内部では人員と資本の両面でホテル協会が展示の中核を担っていたことが推測できる[20]。

　「ホスペス」副理事長で弁護士のケラー＝フーゲニン博士（Keller=Hugenin）

17　ベルン博覧会については、以下を参照。Peter Martig, "Die Schweizerische Landesausstellung in Bern 1914", in: *Berner Zeitschrift für Geschichte und Heimatkunde*, 4（1984）, S. 163-179.

18　ZSHV（Hg.）, *Zur Erinnerung*, S. VII.

19　Ebd., S. XX-XXXIV.

20　Ebd., S. XIV.

は、博覧会の展示について、「博覧会における説明手段は映画の時代になり
一変した」のであり、「精彩のない絵はよい展示対象ではなく、成功は期待
できないだろう」と述べ、新機軸を用いた展示をめざすとしている。そして
「ホスペス」は、展示の基準を次のように定めた[21]。それは、「独自の空間展
示や歴史的事物の構成」を通じて「ゲーテの時代から今日までにいたる飲
食・ホテル業の発展の像」を提供すること。それに、「近代のレストランの
経営の複雑さに生き生きとした認識」をもたせることである。そのため、
「ホスペス」では、飲食・ホテル業に関する展示品の時系列にしたがった陳
列と並んで、実際の飲食設備も展示の一環として構想された。博覧会入場者
が飲食・宿泊業界の歴史について、展示を通じて学ぶのみならず、同一の建
物のなかにあるレストランでの飲食を通じて、業界への理解を深めてもらう
という、体験型の展示が計画されている[22]。

　以上の基準にしたがって、会場内のミッテルフェルト地区に建設された展
示館は、1階にレストラン、中央スイスのワインを提供する酒場、それにグ
ラウビュンデン地方をイメージしたホールなどを備え、このホールには観光
協会事務所のカウンターが設置されていた。また、レストランの厨房も展示
の一環として公開された。ホテルに関する展示では、その変遷をたどること
を主眼として、近代ホテルの客室が再現された。さらに、高級ホテルのみな
らず安価な宿屋（Gasthaus）の部屋も再現していた[23]。

　このようにホテル建築を再現した「ホスペス」は「体験型」の施設に属す
るといえるが、同時にスイス観光業の重要性を伝える機能をもち合わせてい
た。ベルン博覧会はスイスの内国博覧会であり、観客として想定されたのは
主にスイス人であった。博覧会全体をみても娯楽性が薄く産業見本市の性格
が強い。ホテル協会発行の博覧会記念誌を検討する限り、ホテル協会の視点
は国際観光に向けられている。これらを考慮すると、一連の展示は観光地で

21　Ebd., S. XII.

22　Ebd.

23　Ebd., S. XIII.

の宿泊という消費活動を提案する場というよりも、むしろ産業の側に重きを
置いて、観光業をスイス国民に広く紹介する場として機能した。つまり、宿
泊業の現状と、観光業のもつ経済的重要性についてスイス国民に認識を深め
てもらうための装置であったと考えられる。これは産業振興を主たる目的と
したベルン博覧会全体についてもあてはまる[24]。

　観光業の展示のなかには、観光と宿泊施設に関する統計があった。その準
備作業からは、当時の宿泊業界が抱いていた観光業に対する現状認識、なら
びに危機感をうかがうことができる。統計の作成にあたり、ホテル協会は、
博覧会に先立つ 1913 年 3 月に、会員のホテル経営者に対して経営状況につ
いての調査を実施した[25]。その際の回状では、調査の意義が強調されると同
時に、当時の宿泊業界の置かれた立場が強い不満を込めて表現されている。
「いまだにわれわれの産業を『無視しうる程度』などとみなす人たちがいます。
われわれの義務とはすなわち、そういった意見に反対し、統計の数値を通じ
て、われわれが観光のために行う要求の根拠を証明することであります」[26]。

　ホテル協会は、スイスに国際観光が隆盛して久しいこの時期においても、
宿泊業に対する社会的認識が深まっていないことに危機感をもつよう会員に
迫っている。しかし、この調査への会員からの回答は、総ベッド数の約
17 ％しか回収できなかった[27]。回答の少なかった原因として、ホテル協会
は、とりわけ小規模のホテルで、正確な簿記が行われていないために、誤っ
た回答や無回答が発生したのではないかと推測している。そのうえで、ホテ

24　20 世紀のスイス内国博覧会が有した性格の変遷については、以下を参照。Béatrice Ziegler,
　　"«Der gebremste Katamaran»: Nationale Selbstdarstellung an den schweizerischen
　　Landesausstellungen des 20. Jahrhunderts", in: *Schweizerische Zeitschrift für Geschichte/Revue
　　Suisse d'Histoire/Rivista Storica Svizzera*, 51（2001）, S. 166–180.

25　調査項目については、ZSHV（Hg.）, *Zur Erinnerung*, S. 6–9 を参照。当時は、連邦政府による
　　観光統計調査（1934 年開始）が存在しなかったため、ホテル協会による統計調査は、19 世紀末か
　　ら第一次世界大戦までの観光の規模を検討するうえで、重要な資料となっている。こうした調査
　　は、1896 年の内国博覧会の際にも実施されている。Koller, "Entwicklung und Umfang", S. 52–54.

26　ZSHV（Hg.）, *Zur Erinnerung*, S. 9.

27　Ebd., S. 19.

ル経営者に蔓延する業界の現状への無関心について改めて警鐘を鳴らした[28]。

　では、現状分析のために統計を実施したホテル協会は、具体的にどういった危機感をもち、それに対していかなる対策を求めていたのだろうか。ホテル協会事務局長のシュティゲラー（E. Stigeler）は、ホテル協会の歴史を振り返りつつ、観光業の置かれた状況に対する危機感を表明している。彼は、観光業がスイスにとって有する経済的意義を論じ、現状では観光、およびそれと密接に関係したホテルの状況が、近年のうちに予想しなかったほどの高い地位に立ったと評価している。そのうえで、観光客の増大にともなうホテルの急速な新設は、宿泊業界全体の健全な発展にとっては危険でもあると指摘し、ホテルの新規建設を規制する必要性を示唆していた[29]。

　他方で、シュティゲラーは1915年の時点で第一次世界大戦後を展望していた。それによると、外国からの観光客が戦前の規模に戻るには相当な年月がかかると予想されるが、中立国であるスイスは他国に有利な立場を占めることができるというのである。そのうえで、観光業でスイスが優位を占めるためには、外国での宣伝活動を抑制してはならないと主張する。宣伝活動を続けることで、戦争が終われば、すぐに保養旅行の需要が高まることを予想する。さらに、将来に宣伝を首尾よく実施するためには、観光業にかかわるあらゆる人びととの提携が第一に必要であるとして、連邦政府の後援のもとで計画されている観光局設立の意義を力説し、連邦政府による観光行政に大きな期待を示している[30]。

第3節　連邦政府による宿泊業界支援策

　シュティゲラーの示した宿泊業界、さらに観光業界についての懸念は、第

28　Ebd., S. 20.

29　Ebd., S. XVII–XVIII.

30　Ebd., S. XVIII–XVIV.

一次世界大戦の長期化とともに、より深刻さを増して現実のものとなった。大戦中の宿泊数の統計数値は管見の限り存在しないが、数値が判明している戦後の統計では、1920年の宿泊数が約1558万泊となっており、大戦前の1913年と比較して約600万泊の激減を記録している。以降、戦間期に宿泊数が大戦前の水準を回復することはなく、大戦による影響の大きさがうかがえる[31]。連邦政府や州もこうした動きに無策であったわけではない。本節では、ホテル経営に直接かかわる範囲で、行政による支援策とその意義を検討することにしたい[32]。

　1915年に入ると、ホテル協会は三度にわたって連邦内閣に請願書を提出し、大戦で苦境に陥ったホテル業界に対する支援を訴えた。それらを受けて、同年11月2日、連邦内閣は、「戦争の結果に対するホテル産業の保護に関する命令」、いわゆる「ホテル建設禁止令」を出した。連邦内閣は、前年の大戦勃発にともない、連邦議会の「全権決議」によって、広範な権限を与えられており、ホテル建設禁止令も、それにもとづく緊急命令であった。これにより、ホテルや観光にかかわる企業の所有者に、1914年から1916年までの三年間に生じる利子や償還の支払い猶予が認められた。さらに、ホテルの新規建設と既存ホテルの拡張を無期限で禁止し、大戦前から続いた、際限のないホテルの急増による過当競争に一定の歯止めをかけた。しかし、状況は好転せず、ホテル協会は、1916年末にさらなる長期的支援を要請した。連邦内閣は、1917年になると、借地料の支払い免除にまで措置を拡大したうえで、免除期限も延長した。さらに、戦後の1920年には、一連のホテル救済策を包括する緊急命令が出された[33]。

　一方で、観光地を多く擁するベルン州やグラウビュンデン州では、宿泊業者への経営資金の援助策が州レベルで実行に移された。第一次世界大戦後の

31　Koller, "Entwicklung und Umfang", S. 54.

32　以下のホテル支援策の展開については、主にSchweizer, *Krise und Wandel*, S. 52-63 を参照した。

33　Ebd., S. 52-55.

1921 年には、これらの両州の取り組みをモデルとして、連邦政府とホテル協会が資金を拠出し、スイスホテル信託会社（Schweizerische Hotel-Treuhand-Gesellschaft, 以下、「ホテル信託会社」）が設立された[34]。

　以上の連邦政府や州による対策は、大戦の痛手を受けたホテル業界の救済をめざすものであり、あくまでも緊急措置であった。それゆえ、宿泊客の過剰な収容力と建物・設備への過剰投資という、大戦前から認識されていた構造的問題は、根本的に解決されることはなく、1920 年代の好景気がその矛盾を覆い隠した。上記の三つの救済策のうち、二つは終了することになり、1920 年の緊急命令は、5 年後に失効した。1924 年には、1926 年から 5 年間の時限立法として、「宿泊施設の制限と拡張に関する連邦法」が制定されるが、これはホテルの新設と拡張に限定されたものであった。ホテル信託会社も、1931 年 5 月に解散が決定されたのである[35]。

34　Ebd., S. 56-59; Tissot, "Tourism in Austria and Switzerland", p. 298; Schumacher, "Krise im Reiseland par excellence", S. 85; なお、ロレンツ・ストゥッキ（吉田康彦訳）『スイスの知恵——経済王国・成功の秘密』サイマル出版会、1974 年、202 頁では、こうした施策が国家による経済領域への干渉につながった点を強調しているが、少なくともホテル支援策については、宿泊業界の意向を反映する形で連邦政府が支援に動いていることに注意すべきである。また、アメリカ人観光客への対応がこうした施策の背景にあった点に言及しているが、宿泊業界がどれほど第一次世界大戦後の客層の変化を視野に入れていたのかについては、再検討の余地がある。

35　Schweizer, *Krise und Wandel*, S. 62-63.

まとめ

　第一次世界大戦勃発前後の時期に、宿泊業界はその経営基盤の脆弱性を自覚し、観光業を積極的に振興する必要性を感じはじめた。しかし、その危機感は、観光業界全体を包括するような展望を踏まえたものではなかった。この時期には、第一次世界大戦以前とは質的に異なる、新たな需要に対応するための「構造改革」を実現しようとする動きはみられなかった。ホテル協会は、あくまでも宿泊業界の利害にもとづいて、連邦政府に対応策を要求しただけであった。

　第2節で述べたように、ベルン博覧会において、ホテル協会は、宿泊業界の基盤となる観光業の重要性を積極的にアピールした。その背景には、スイスの産業界のなかで、観光業の存在感を発揮しきれていないという焦燥感と、過剰な投資によるホテルの急増という宿泊業界固有の危機感があった。そこでホテル協会が視野に入れた観光業振興策には、宣伝と業界保護という、「攻守」の二つの側面があったといえよう。

　第3節では、連邦政府による宿泊業界防衛策という「守」の側面について確認した。その内容は、ホテルの新規建設を規制し、苦境に陥った業者に対しては、債務を免除し、ホテル信託会社を通じて融資を行う救済策を提供するものであった。しかし、こうした「守」の対策は、あくまでも従来の観光業（宿泊業）のあり方を維持するための防衛策を出るものではなかった。

　ホテル協会に代表される宿泊業界は、19世紀後半以来確立してきた、富裕層を念頭に置いた観光様式の維持を志向していた。1930年代に入ると、それが裏目に出て、観光に訪れる客層と旅行様式の変化に対応できないまま、観光業の危機をむしろ深めることになる*。1930年代の危機に対する連邦政府の施策も、これまでみてきたように、宿泊業界の要求に応えた消極的な救済策にとどまるのである。

　次章では、ホテル協会が展望した「攻」の側面、すなわち、観光業にかかわる勢力の提携による、全国レベルの観光振興組織の設立をめぐる動きを検討したい。

*　Schumacher, "Krise im Reiseland par excellence", S. 84-87.

第2章　スイスを宣伝する
——観光振興組織の設立と再編

　本章では、スイスにおける全国的な観光振興策の出発点となった、1918年のスイス観光事務所（Schweizerische Verkehrszentrale, 以下、「観光事務所」）開設にいたる過程を中心に検討し、その設立がもつ歴史的意義を明らかにする[1]。

　20世紀に入ると、観光は地域の経済振興の問題にとどまらなくなっていた。スイスでも観光のもたらす利益の大きさが連邦レベルで認識され、外貨獲得手段としての「観光業」の存在に注目が集まるようになった。旅行業・宿泊業・運輸業・娯楽産業といった個別の業界を越えた、一体としての観光業の振興が望まれるようになっていく。そこで構想されたのが、連邦政府・州・自治体・観光関連業界を束ねる観光振興組織の設立であった。

　観光振興のうち集客目的の宣伝についてみると、それまでのスイスでは、各地の観光協会によって観光地単位で行われてきた。しかし、20世紀はじめになると、スイス連邦鉄道（Schweizerische Bundesbahnen, 以下、「連邦鉄道」）の宣伝部（Publizitätsdienst）が全国レベルでの対外観光宣伝組織として設立された。こうしたスイスの観光プロモーションの体制は、観光事務所の設立によって、一つの転機を迎えることになった。連邦政府の支援を受けた観光事務所には、スイス各地に分散していた「観光システム」（ティソ）や観光関連産業を有機的に結びつける役割が期待されたのである。

1　「スイス観光事務所」とは、Schweizer Verkehrszentrale/Office Suisse du Tourisme の翻訳である。前者のドイツ語を直訳すれば「スイス交通センター」となるが、後者のフランス語の名称と実際の業務内容を勘案し、「観光事務所」と訳した。また、観光協会（Verkehrsverein）についても、直訳は「交通協会」だが、同様に「観光協会」とした。

　こうした観光振興の取り組みが 20 世紀初頭の世界史的な現象であったことは、石森秀三が指摘するところである[2]。特にヨーロッパでの「観光業」への関心の高まりはスイスにとどまるものではなく、フランスやオーストリアなどの周辺国も、自国への観光客の増加をもくろんだ。後述するように、両国は国家レベルで観光プロモーションを担う組織の必要性をいち早く認識していたのである。

　スイス観光事務所の設立という出来事を歴史的にどうとらえるべきかという問題については先行研究が少なく、また、従来の研究では明確な位置づけがみられないのが現状である。P・ロート（Peter Roth）の研究は、観光振興組織の変遷を確認するうえで役立つが、観光宣伝を連邦政府による経済への干渉の一事例として論じており、本書の問題意識とは異なる[3]。ティソは、観光事務所の設立を国家が観光に積極的に関与した数少ない事例として紹介しているが、政府・観光業界・交通機関といった観光事務所をとりまくさまざまな要素の相互関係を意識して論じているわけではない[4]。

　スイス観光事務所の設立は、19 世紀以来のスイスの観光史における転機を示す出来事であり、周辺国との競争の激化や大衆化といった、観光をとりまくさまざまな変化に対して、全国レベルで対応しようとした最初の事例である。なぜ観光事務所が必要とされ、どのような事業を展開したのかを明らかにすることは、戦間期以降のスイス観光業の模索を論じる前提として、不可欠な作業である。

　以下、第 1 節では、観光振興組織が構想されるにいたった歴史的背景を検討し、それがなぜスイスで必要とされたのかという点を考察する。第 2 節で

2　石森「観光革命と二〇世紀」、18-19 頁。

3　Peter Roth, *Die Intervention des Bundes auf dem Gebiet der Fremdenverkehrswerbung: Entstehung, Wesen und Aufgabe der Schweizerischen Zentrale für Verkehrsförderung*, Bern 1945; 観光事務所設立の経緯にかんしては、R. Thiessing, "Verkehrswerbung", in: Schweizerischen Gesellschaft für Statistik und Volkswirtschaft (Hg.), *Handbuch der schweizerischen Volkswirtschaft*, Bern 1939, S. 468-471 も参照。

4　Tissot, "Tourism in Austria and Switzerland," p. 298.

は、連邦政府・議会における観光事務所設立にいたる議論を確認し、観光業が連邦レベルでどのように位置づけられていたのかを考察する。第 3 節では、設立後の観光事務所の業務内容を検討したうえで、1930 年代以降の再編までもちこされた課題について考察する。

第 1 節　観光振興組織の設立構想とその背景

　全国レベルでの観光振興組織の設立をめぐっては、すでに第一次世界大戦前から議論がはじまっていた。1911 年 4 月 4 日、ツェルマットのホテル経営者で、カトリック保守派に属した国民院議員 A・ザイラー（Alexander Seiler）は[5]、27 名の賛同者の署名を添えて、連邦内閣にスイス観光を振興するための中央機関の設置について、調査のうえ報告と提案を求めることを発議した[6]。この発議は、観光振興のためには統一された組織が不可欠であるとする観光協会連盟とホテル協会の提案から生まれたものであった。この発議以降の観光事務所設立へいたる論議からは、観光業の規模が拡大していたにもかかわらず、業界内で広がっていた危機感をうかがうことができる。

　ザイラーによる発議は、半年後の 1911 年 10 月 6 日に国民院で審議された。その際に彼は、スイス経済における観光業の重要性を指摘する。観光業

5　この A・ザイラー（2 世）については、ストゥッキ『スイスの知恵』、173 頁を参照。同名の父親 A・ザイラーは、1855 年にツェルマットでホテル「モンテ・ローザ」を開業して以来、同地における宿泊業の先駆者として知られている。また、ザイラー（2 世）の息子フランツは、スイスホテル協会会長や国際ホテル協会会長といった要職を歴任するなど、ザイラー一族からはスイス観光業の中核を担う人材が輩出している。Merki, "Ein aussergewöhnliche Landschaft als Kapital", S. 188; Bernard Truffer, "Seiler, Alexander", in: Die Stiftung Historisches Lexikon der Schweiz (Hg.), *Historisches Lexikon der Schweiz*, Bd. 11, Basel 2012, S. 416-417; Id, "Seiler, Franz", in: Die Stiftung Historisches Lexikon der Schweiz (Hg.), *Historisches Lexikon der Schweiz*, Bd. 11, S. 418; 森本慶太「ホテル経営者ザイラーとツェルマットの観光開発」踊共二編『アルプス文化史——越境・交流・生成』昭和堂、2015 年、114-117 頁。

6　Botschaft des Bundesrates an die Bundesversammlung betreffend die Beteiligung des Bundes an der Errichtung eines Schweizerischen Verkehrsamtes vom 16. März 1917, in: *Bundesblatt 1917*, Bd. 1, S. 375.

で得られる全体の収益は、毎年5億フランを超える貿易赤字をカバーするほどの規模に達し、国家も関税や郵便・通信・運輸部門を通じて利益を得ているので、観光業への援助は連邦政府の財政面からも正当化できると主張した。さらに、観光業は他の産業へも利益を与えると指摘している。すなわち、観光はホテルや交通機関のみの利益となるだけではなく、建設業や農業などさまざまな産業の基本的な収入源である。こうしたあらゆる要素を考慮して、国家が外国に負けないように注意を払うことは正しいとザイラーは主張するのである[7]。

　ここで、発議がなされた当時の歴史的背景を確認しておこう。

　第一の背景は、20世紀初頭に外国との競争が課題に浮上したことである。隣国のオーストリアでは、すでに1908年に公共事業省内に観光担当部門が設置され、対外宣伝活動や観光振興のために、ホテル建設や観光鉄道への助成を開始していた。このオーストリアの組織は、観光宣伝のみならず、ホテルやインフラ整備への資金援助の機能も有しており、スイスから観光客を奪おうとしていた。さらに1910年には、フランスが中央政府の行政機構として「観光」の名称を付した「国家観光局」（Office national du tourisme）を設置している。フランスでも、レマン湖畔のトノンから南仏のニースまで自動車道路が建設されるなど、観光客誘致の動きを活発化させていた。ザイラーはこうした外国との競争への懸念から、スイスでも政府による観光振興が必要であると主張したのである[8]。

　第二の背景は、同時期のスイスに、上記の周辺諸国とは対照的に、連邦国家が観光振興へ直接関与する組織的基盤が存在しなかったことである。19世紀末から20世紀初頭にかけて、全国レベルでの観光振興は主に次の二つ

7　Motion von Herrn Nationalrat Seiler und Mitunterzeichnern, vom 4. April 1911, in: *Amtliches Stenographisches Bülletin der schweizerische Bundesversammlung*, 21 (1911), S. 320.

8　Ebd.; Tissot, "Tourism in Austria and Switzerland", p. 291; 岡本伸之編『観光学入門——ポスト・マス・ツーリズムの観光学』有斐閣、2001年、267頁。同時期のフランスの観光宣伝については以下を参照。Patric Young, "A Place Like Any Other?: Publicity, Hotels and the Search for a French Path to Tourism", in: Zuelow (ed.), *Touring Beyond the Nation*, pp. 127-149.

の組織によって担われていた。観光協会連盟と連邦鉄道の宣伝部である。

　このうち先行して設立されたのは、観光協会連盟であった。この団体は、1880年代にスイス各地で設立されていた観光協会の全国組織として、1893年に創設された。しかし、スイスの観光振興では、地域間の協力よりも競争が優先されがちで、観光協会連盟は全国組織としての役割を果たせていなかった。なお、1900年にはホテル協会も観光協会連盟に加盟し、宿泊業界との密接な協力関係を構築している[9]。

　もう一つの組織、連邦鉄道の宣伝部は、1893年2月にローザンヌで設立されたスイスロマンド・ジュラ゠シンプロン共益協会（Syndicat des intérêts de la Suiss romande et du Jura-Simplon）に起源をもつ。この団体はスイス西部の観光宣伝を目的に設立され、スイス初の在外観光事務所をロンドンに置いたが、広く支援が得られないまま同年11月には解散し、ジュラ゠シンプロン鉄道がロンドン事務所の業務を引き継いだ。そして同鉄道が1903年に連邦鉄道へ経営移管されたことにともない、ロンドンにおける観光宣伝業務もこの国営企業に継承されていた。宣伝部は、ホテル協会や観光協会連盟の援助も受けて、ポスター、写真や映画を用いて、交通関係にとどまらない観光宣伝や、切符販売などの代理店業務を行った。1913年時点では、ロンドン、パリ、ニューヨーク、ベルリン、ブエノスアイレス、カイロに事務所を設けていた。宣伝部は、公企業の部署として、観光協会連盟のように地域の利害に左右されることなく、より組織的に観光宣伝業務を遂行することができた[10]。しかし、ザイラーは、宣伝部が集権的な組織ではないため、投資額に比べて成果が不十分であると指摘し、それに代わる新組織を設置する必

9　Gölden, *Strukturwandlungen des schweizerischen Fremdenverkehrs*, S. 324-326; 観光協会の一例として、19世紀末のルガノにおける事例を参照。Stefano Sulmoni, "Pro Lugano: une société au service de l'aménagement d'espaces de loisir（1888-1919）", in: Hans-Jörg Gilomen/Beatrice Schumacher/Laurent Tissot（Hg.）, *Freizeit und Vergnügen vom 14 bis zum 20. Jahrhundert/Temps libre et loisirs du 14 au 20 siècles*, Zürich 2005, pp. 143-155.

10　Gölden, *Strukturwandlungen des schweizerischen Fremdenverkehrs*, S. 326-329; Thiessing, "Verkehrswerbung", S. 469.

42

要性を主張していたのである[11]。

　このように、宣伝を中心とする観光振興策はホテル協会、観光協会連盟、それに連邦鉄道などに分散して担われていたが、これらを統合しようとする動きは以前からあった。ホテル協会は、1902 年に国内外での観光宣伝の実施を協会の目的として規約に明記し、同年には観光に関連する諸勢力を連携させた宣伝組織の創設に向けて取り組んだ。しかし、依然として観光業は国内の地域間競争に傾き、業界全体で協力関係を醸成できる環境になく、このホテル協会主導による連携は挫折してしまった[12]。

　第三の背景は、観光関連産業の急成長による、国内における競争の激化である。前章でも述べたとおり、観光客の急増にともない、ホテルへの投資も急増したが、20 世紀に入ると、ホテル数の増加による競争の激化から、ホテルの得られる利益は減少していた。スイスの宿泊業は、19-20 世紀転換期の好景気に支えられて成長してきたが、その反面で、わずかの景気後退でも大きな打撃を受けかねない、無防備な経営構造となっており、ホテル協会は強い危機感を抱いていた。これを調整する機関としても観光振興組織の設置が求められたのである[13]。

　先述したとおり、スイスで観光業が成長した時代には、連邦政府が観光業の振興に直接かかわることはなかった。確かに、政府は連邦鉄道の経営をとおして間接的に関与していたが、観光に関連する産業を束ねる観光行政といえるものは存在しなかった。しかし、20 世紀に入って以降、ホテル協会の動きにみられるように、従来の観光地としての優位が崩れつつあるという危機感をもつなかで、観光を一体的に把握して振興を図ることが現実的課題となりつつあった。ザイラーの観光局設立構想は、19-20 世紀転換期のピークの終焉を展望するなかで提起されたといえよう。

11　Motion von Herrn Nationalrat Seiler, S. 321.

12　Gölden, *Strukturwandlungen des schweizerischen Fremdenverkehrs*, S. 320.

13　Motion von Herrn Nationalrat Seiler, S. 320; Tissot, "Tourism in Austria and Switzerland", pp. 288-290.

　発議の内容に戻ると、スイスの観光振興へ向けた体制づくりは、フランスのように政府の一部門とするのではなく、観光に関係する業界団体と連邦政府の官庁とが協力して運営する半官半民組織として構想された。その業務は、①連邦と州の部局との間の関係構築、②観光に関する国内外の通達や法律・スイスに関する国内外の文献の収集、③観光の経済的基盤と貿易差額の影響の調査研究、④対外宣伝の組織化と統一、それに、⑤大規模なスポーツの国際大会や国際会議の組織、という五点が構想されていた。なお、④については、外国における観光事務所や代理店の設置・組織化が重要な課題とされた。運営資金は観光関連団体の提供でまかなうとしていた[14]。

　発議の内容に対して、内務大臣 J・A・ショービンガー（Josef Anton Schobinger）は、観光業のもつ経済的重要性を認め、外国との競争のために「スイスの誇るべき宿泊業が、国家の支援を訴えざるを得ない状況にあることに同情を禁じ得ない」と述べる。そのうえで彼は、ザイラーらの構想に賛意を示し、観光局設立へ向けて、財政的支援の規模や連邦鉄道宣伝部のあり方を含めて調査する考えを示した[15]。

第 2 節　観光局設立をめぐる論議

　連邦内務省はザイラーの発議を受け入れ、観光振興組織設立に関する調査を観光協会連盟とホテル協会に委任した。両団体はこれを受けて、1912 年 2 月 6 日に、連邦内閣と内務省に請願書を提出し、ザイラーの発議に対する強い支持を表明した。請願書のなかで両団体は、アルプス地域を擁する周辺諸国との競争が拡大し、競争相手国からスイスに関する誤った情報が発信されていることに懸念を示している。そのうえで、統一的な観光宣伝組織として観光局（Verkehrsamt）[16]を設置する必要性を認め、準備段階では 10 万フラ

14　Motion von Herrn Nationalrat Seiler, S. 322-323.

15　Ebd., S. 325.

16　Verkehrsamt を直訳すると「交通局」となるが、業務内容を考慮して「観光局」とする。

ン、将来的には 100 万フランの予算で運営されるべきだとされた[17]。

内務省は、両者に観光局の組織の具体案を提言するよう依頼し、1913 年
10 月 11 日に観光局規約の草案と「スイス観光局規約の草案についての覚書」
が提出された。この草案では、ザイラーの構想と同様に、観光局を国家機関
としてではなく、国と民間との協力で組織するため、民法 60 条に規定され
た「社団」として設置するとされていた[18]。連邦鉄道をはじめとする国営企
業を有する国は、団体の構成員として権利を行使することになっていた。

ここで構想された業務は、主に二つある。第一に調査事業である。そこに
は観光統計調査や観光の経済的影響についての研究、観光に関する文献の収
集、それに観光の位置づけや動向に関する年次報告の作成が含まれる。第二
に実務である。その内容は対外宣伝の統一化、宣伝の改善、在外観光事務所
と代理店の組織、交通にかかわる法律の草案や通達の準備、ホテルなどの観
光関係施設への情報提供などである。

1913 年 12 月 1 日の決定で、連邦政府は内務省の提案した方法にもとづい
た観光局設置の原則を承認した。それは、観光局の組織を連邦の監督のもと
で、毎年補助金を受ける私法上の組織とするものであった。そうなった背景
には同年 8 月 25 日の内務省による報告がある。そこでは、「観光が経済的、
実務的領域であり」、観光局の運営費用が諸団体の出資を中心としているこ
とを理由に、「私法上の組織のほうが、国の部局であるよりも自由で効果的
に活動できる」として、民間の団体としての観光局を設置するのが自然であ
るとされたのである[19]。

17 Eingabe des Verbandes Schweizerischer Verkehrsvereine und des Schweizer Hotelier-
Vereins an den h. Bundesrat betreff. Die Schaffung eines eidgenössischen Verkehrsamtes und
Antwort des eidgen. Departments des Innern darauf, in: Schweizerisches Bundesarchiv（以下、
SBA）: E57 Fremdenverkehr, 1895-1927.
18 Memorial und Statuten des „Schweiz. Verkehrsamtes", in SBA: E57 Fremdenverkehr,
1895-1927.
19 Botschaft des Bundesrates an die Bundesversammlung betreffend die Beteiligung
des Bundes an der Errichtung eines Schweizerischen Verkehrsamtes vom 16. März 1917, S.
375.

　1914年3月9日、内務省は以上の経過を説明するために関係する行政担当者と専門家を招いて会議を招集した。その際に、①連邦政府内の観光局設置への反対論、および、②規約の草案が協議された。①に関しては、連邦鉄道の抵抗が問題になった。構想では、観光局が連邦鉄道宣伝部の業務を継承することになっていたが、連邦鉄道は、観光局の設置後もその宣伝部を存続させるだけでなく、組織のさらなる拡大を主張したのである。また、行政担当者も構想に慎重な姿勢を示し、特に財務省は連邦による財政支援の制限を主張した。会議の結果、観光局と連邦鉄道宣伝部の二つの組織は協力して観光宣伝を行い、業務の重複を避けたうえで、当面並存することになった。また、②に関する協議では、草案で連邦が観光局の構成員として位置づけられていることが、公法と相容れないとして批判された[20]。

　内務省は、1914年5月7日に観光協会連盟とホテル協会に会議で出された異論を伝え、それぞれの指摘に応じた草案の作成を要請した。しかし、この時期は両団体が前章で言及したベルン博覧会の準備に携わっていたうえに、第一次世界大戦の勃発が重なり、観光局設立へ向けた取り組みは停滞した。ようやく1916年8月31日に、「スイス観光局設置に向けた全国連合」（Nationale Vereinigung für das Schweizerische Verkehrsamt）[21]が、それまでの論議で生じた問題点を踏まえて修正した、観光局規約の最終案と覚書を連邦政府に提出したことで議論は再開された[22]。

　この覚書では、戦争が観光に致命的な影響を与えたことが指摘された。また、ザイラーらの発議以来つとに主張されたように、スイスの経済的繁栄が観光と密接に結びついていること、貿易赤字を埋め合わせるほどの収益を得ていたことなどが改めて強調された。また、観光振興組織の設立に向けて、関係団体の合同が促進されている背景には、戦争だけではなく、戦前からの

20　Ebd., S. 384-385.
21　観光協会連盟、ホテル協会、プロ・センピオーネ、新ゴットハルト協会の観光関連の4団体が統合して1916年7月26日に設立された新組織。
22　Ebd., S. 385.

外国との競争があった。1916年時点では、観光業の先行きが依然不透明な
情勢であり、戦争による損害の回復と観光地としてのスイスの改善へ向け
て、団結の必要があると訴えられている[23]。

　新組織の課題は、1913年10月に出された当初の案と同様に対外宣伝事業
と調査研究事業に大別されるが、16年の案でそれまでと異なっていたのは、
調査研究事業に観光（Fremdenverkehr）だけではなく交通（Verkehr）関
係全般の調査を含んでいた点である。後者については異論を招き、交通全般
を扱うと行政当局の管轄に抵触するという理由で、結局、新組織の業務は観
光に限定されることになった。もっとも、13年の案よりも、科学的研究や
調査の必要性が重視され、それを基礎に対外観光宣伝をはじめとする実践活
動を行うべきであるとされた。事業費として35万フランの拠出が見込まれ、
うち20万フランを観光関連団体、残り15万フランを国家の補助によってま
かなうこととされた[24]。

　内務省は、懸案となっていた連邦鉄道宣伝部と観光局との関係について、
連邦鉄道に態度を表明するように求めた。これに対し、連邦鉄道理事会は、
1916年11月27日に、できる限りの支援を約束し、連邦鉄道宣伝部と観光
局との密接な連携を確認した。しかし、観光局に対する毎年の補助金の支出
には難色を示した。これも内務省側とのさらなる交渉の末に解決し、連邦鉄
道理事会は1917年2月6日の書簡で、年間2万5000フランの補助金拠出を
認めることを伝えた[25]。

　1917年3月16日に、連邦内閣は、観光局への資金拠出に関する教書を連
邦議会に提出した。両院での審議の過程で、組織の名称は国家機関のニュア
ンスの強い「観光局」（Verkehrsamt）から、「旅行事務所」（Zentralstelle
für den Reiseverkehr）へと改められた（のち、「観光事務所」[Verkehrszentrale]
へ再変更）。同年9月28日の連邦議会の議決によって、連邦政府が観光事務

23　Ebd., S. 386-387.

24　Ebd., S. 391.

25　Ebd., S. 393-394.

所の運営母体となる全国旅行振興協会（Nationale Vereinigung zur Förderung des Reiseverkehr）へ補助金（1918 年は 12 万フラン）を拠出することが定められた[26]。

1917 年 11 月 28 日、全国旅行振興協会はベルンの国民院議場で第 1 回総会を開催した。この席で内務大臣 F・カロンダー（Felix Calonder）は、観光業のもつ経済的重要性についてのみならず、文化に及ぼす悪影響について述べている。引き合いに出されるのは、ホテル建築の景観問題であった。一部のホテルの建物が景観を破壊しており、内装にも、「過剰で悪趣味な富」、「反感を起こすほどの豪華さ」、「言葉に出せないほどのセンス」をあまりにしばしば目にする。それは、「スイスの歴史に根差した文化的価値」が失われていることを意味する。「国の経済的利益のほかに、その文化的価値や洗練されたセンスを育成することも、この新しい観光団体の立派な任務である」。このように、カロンダーは連邦内閣を代表する立場から、文化と経済の両面において、観光宣伝が重要であるという認識を示した[27]。

改めていうまでもなく、当時の観光業はもっぱら国際観光が中心であり、外貨獲得や貿易赤字の解消といった経済政策の一環として振興が図られていた。ただし、前章でふれた内国博覧会の展示や、カロンダーの見解にみられるように、ホテルという存在を文化振興のなかでとらえる必要性が認識されていたことにも注意しておきたい。

第 3 節　戦間期の観光事務所の運営と再編

全国旅行振興協会は、1918 年 6 月 17 日に、チューリヒに観光事務所を開設し、1920 年には支部をローザンヌに置いた。設立当初、観光事務所を構成したのは宣伝部（1921 年から宣伝・広報部）と経済・統計部の 2 部門で

26　*Nationale Vereinigung zur Förderung des Reiseverkehrs, Protokoll der konstituierenden Generalversammlung am 28. Nov. 1917*, S. 2.

27　Ebd., S. 4–5.

あったが、1919 年には交通部も新たに設置された。

　観光事務所の事業例として、多言語による観光ガイドブックや地図、観光
やスポーツ行事などスイスに関するパンフレットやポスターを作成したこと
がまず挙げられる。さらに、ホテル協会や観光協会など他の団体から贈られ
た広告資料も含めて、これらを世界各地の旅行代理店、連邦鉄道の代理店、
在外スイス領事館等へ配布していた。そのほか、観光関連の見本市への出展
や代理店の運営、映画・写真・会議による宣伝、外国人ジャーナリストや医
師のスイス旅行を組織するなどの活動を行っている[28]。

　このように、スイス全国レベルの観光振興組織として観光事務所が設置さ
れたことで、集約的で効果的な観光宣伝、経済部門としての観光業の調査研
究、それに交通機関との連絡といった諸課題に取り組む基盤は整備された。

　しかし、上記のうち後者の二部門の活動は、1924 年の時点でも十分に展
開できておらず、事業の中心は観光宣伝であったようである。連邦内閣は、
観光事務所設立過程の議論で、科学的研究、特に経済・統計面での調査の必
要性が指摘されていたにもかかわらず、不十分なままになっていたことに対
して批判している。この問題に対して、全国旅行振興協会は財政問題を挙げ
て窮状を訴え、連邦政府に補助金の増額を要求した結果、年間 20 万フラン
への増額が認められることとなった[29]。

　もっとも、依然として大きな課題が残されていた。観光事務所と並行して
存続した、連邦鉄道宣伝部との業務の重複が問題として認識され続けていた
のである。早くも 1921 年には、ホテル協会副会長（のち会長）で国民院議
員であった、A・ザイラーの弟 H・ザイラー（Hermann Seiler）が、全国的
宣伝組織への統合を国民院に提案している。しかし、こうした提案は、1920

28　Bericht des Bundesrates an die Bundesversammlung betreffend Subventionierung der schweizerischen Verkehrszentrale durch den Bund vom 23. Juli 1924, in: *Bundesblatt 1924*, Bd. 2, S. 655-656.

29　Ebd., S. 657-669. すでに 1923 年 7 月の時点で、全国旅行振興協会は連邦内閣に補助金の 25 万フランへの増額を請願していたが、この時点では認められず、同年 11 月に再度増額を願い出た。

年代の後半に観光業が好況になったこともあり、必要性が認識されずに放置
されたままであった。1930 年代になってようやく、観光業が世界恐慌に端
を発する危機的状況に陥ったことにより、統一的観光宣伝の実現へ向けて動
き出すのである[30]。

　1930 年には、非効率な観光宣伝の二重性を解消しようと、「スイス観光宣
伝統一中央委員会」が、観光業界関係者により設置され、委員長で全邦院議
員の G・ケラー（Gustav Keller）のもとで、宣伝機関の統一へ向けた議論
が進められた。その結果、1933 年 9 月に、観光局、連邦鉄道、郵便・電話・
電信局（Post-, Telefon- und Telegrafenbetriebe）の三者が合同して、「宣
伝連合」（Werbegemeinschaft）を設立することに合意し、将来的には観光
事務所と連邦鉄道宣伝部との組織的合同ももくろまれた。1936 年には連邦
政府の交通局も宣伝連合に資本参加している。しかし、この宣伝連合は、融
資のための連合体にすぎず、宣伝組織の二重性は解消されなかった。また、
宣伝連合設置後に、連邦鉄道宣伝部と観光事務所の役割分担を明確にしたこ
とによって、かえって観光事務所の業務範囲が狭められる結果になった[31]。

　最終的な観光宣伝の統一を方向づける議論は、1936 年に再開した。同年 9
月に国民院議員の F・フォン・アルメン（Fritz von Almen）より、観光宣
伝組織の統一を求める請願が提出され、国民院にて満場一致で採択されたの
である。連邦内閣も、その主張を容れるところとなり、実現へ向けて動き出
した。1939 年 9 月、連邦議会は、観光事務所の後継組織であり、公共団体と
してのスイス観光振興事務所（Schweizerische Zentrale für Verkehrsförderung,
以下、「観光振興事務所」）の設立を議決した（設立は翌 40 年）[32]。これによ
り、懸案の連邦鉄道宣伝部との業務重複がようやく解消され、観光宣伝は観
光振興事務所に集約された。予算の約 4 分の 3 は連邦が負担、残りを連邦鉄

30　Roth, *Die Intervention des Bundes auf dem Gebiet der Fremdenverkehrswerbung*, S. 42-43.

31　Botschaft des Bundesrates am die Bundesversammlung über die Schaffung einer Schweizerischen Zentrale für Verkehrsförderung vom 17. Januar 1939, in: *Bundesblatt 1939*, Bd. 1, S. 62-65.

32　スイス観光事務所の名称はすでに 1937 年の段階で「スイス観光振興事務所」に改称されていた。

道、郵便・電話・電信局、ホテル協会、それに観光業界や観光地の州、自治
体によって拠出されることになった。その後、1955 年には観光振興事務所
という名称は、スイス観光事務所（Schweizerische Verkehrszentrale）と
改められた[33]。しかし、名称の改正のみで、組織面で基本的な変化はなく、
1940 年に確立したこの体制は、1995 年まで継続されることになる[34]。

　観光振興事務所は、観光業界内の自発的協力を実現するため、他国とは異
なり、国家の官庁に属するものではなかったが、前身の観光事務所とは異な
り、公共団体として設立された。国の関与が強められた直接的背景として
は、組織の統一による効率的な予算配分と、諸外国との競争が挙げられてい
る。しかしそれ以上に、1930 年代に「諸外国で意識的に進められた旅行の
構造転換」が、スイス観光業界の意識変化を促し、宣伝組織の再編を促進し
た一因となったことに注意すべきであろう[35]。

33　1996 年以降の名称は Schweiz Tourismus で、日本語では「スイス政府観光局」と名乗っている。

34　Ebd., S. 65-74; Schweizer, *Krise und Wandel*, S. 77-79.

35　Botschaft des Bundesrates am die Bundesversammlung über die Schaffung einer
　　Schweizerischen Zentrale für Verkehrsförderung vom 17. Januar 1939, S. 74.

┌─────────── まとめ ───────────┐

　19 世紀の終わりに、スイス各地では交通機関・宿泊施設・娯楽施設といった各種のインフラ整備を通じて観光地が形成され、観光業が経済的に重要な規模にまで成長した。しかし、一つの経済部門としての「観光業」の振興が、国レベルで図られるようになるまでには、第一次世界大戦期まで待たなければならなかった。前章で検討したように、観光客の増加によって急成長していたホテル業界は、観光業界の事実上の利益代表として、その振興の必要性を訴えた。そこで重視されたのは、周辺国を意識した観光宣伝と経済面や統計調査の実施による現状把握であった。ホテル業界が主導した観光振興組織の設立は、一つの産業として観光業を振興する必要性が国家的レベルで認められた、画期を成す出来事といえるだろう。

　しかし、19 世紀後半以来、経済団体が連邦の機能を補完してきたスイス特有の限界も指摘しなくてはならない*。ティソは、連邦政府の観光への関与がホテル業界の要求に応える限りでしか実施されなかったと指摘し、第一次世界大戦以前まで観光業の繁栄を保証してきた方策に代わりうるものを提示できなかったと述べている**。観光事務所の設立過程をみても、そのことは否定できないだろう。連邦政府は、宿泊業者の提起による観光事務所の具体案を、もっぱらホテル協会と観光協会連盟をはじめとする業界団体にゆだね、連邦鉄道宣伝部との業務の重複も、1940 年まで解消されなかった。総じていえば、国家が第一次世界大戦後の観光発展のあり方を展望することはなかった。観光をとりまく環境の変化を意識した模索は、1930 年代の次なる危機の到来によって、同様に連邦政府ではなく、観光業界内部から生じてくるのである。

*　　黒澤「アルプスの孤高の小国　スイス」、198-201 頁。
**　Tissot, "Tourism in Austria and Switzerland", p. 298.

└─────────────────────────────┘

第3章　観光業の結集
——スイス観光連盟による危機への対応

　本章では、1930年代に危機的状況に陥ったスイス観光業に注目し、その復興を模索する過程を検討するなかで、業界の再編とそれがもたらした影響の解明を目的とする。

　1920年代後半に第一次世界大戦による打撃を克服し、回復基調に戻ったかにみえたスイス観光業は、世界恐慌の影響を受け、1931年以降再び深刻な景気後退を経験した。それは観光業界に改革の必要性をいっそう意識させる契機となった。第一次世界大戦前から観光業界は、宿泊施設への過剰投資と「観光業」界としての一体性の欠如という構造的課題を抱えていたのだが、戦後には観光をとりまく社会的環境の変化が顕著となり、それにいかに適応するかという課題が加わることになる。

　この課題への対応をめぐって、業界内部ではさまざまな模索がみられた。その際に、この危機をどのように解釈するのかが、観光業の将来像を構想するうえでの分岐点となった。すなわち、眼前の危機を第一次世界大戦以前の「平時」からの一時的な逸脱ととらえ、そこへの復帰を模索する方向と、観光業とその周辺で生じた構造転換を認識し、そのあり方を根本から見直すというもう一つの方向である[1]。

　本章では、後者の立場に着目したい。前章でも検討したように、1920年代までは、スイスで観光政策が議論される場合、その内容はもっぱら外国人を対象とした観光宣伝をさしており、前者の立場からの関心はこの面に偏っていた。しかし、この間に上述の構造転換によって、観光業界の内側から、

1　Schumacher, "Krise im Reiseland par excellence", S. 82-83.

広範な領域にわたる振興策の必要性を認識する人びとが現れた。彼らは、観光振興が宣伝にとどまる問題ではなく、国際経済や外交に直接かかわる分野を含むことから、業界の結束を通じて、連邦政府への影響力を強めようとしたのである。

　序章でふれたように、戦間期には経済団体の政治的影響力が強まっていた。観光業界でも、この「経済の政治化」という文脈に沿う形で、業界の再編が展開した。1930年代初頭には、連邦政府への発言力を強化するために、観光関連業界の結集の動きが具体化し、1932年にスイス観光連盟（Schweizerischer Fremdenverkehrsverband, 以下、「観光連盟」）が設立された。ここにスイス観光業は、ようやく国政レベルでの利益代表を組織することができたのである。

　さらに、第一次世界大戦前への復帰をめざす動向や、観光連盟に代表される業界内での新たな動きとも異なる立場から、観光業の復興をめざす第三の試みも存在した。小売業者が1935年に設立したホテルプラン協同組合の活動がそれである（第4章参照）。この団体は、観光業界とは距離を置いて事業を展開し、大衆化を促進する立場から独自の観光振興策を提起した。これを契機として、観光業の構造転換のなかでも大衆化への対応が最も深刻な課題として顕在化するのである。

　本章では、こうした観光業が転換を迫られた時代に設立された観光連盟とその事業活動の歴史的意義を考察する。

　戦間期にスイスの観光業界が危機的状況に陥ったことは、これまでの研究でも指摘されてきた。経済史の立場から戦間期のスイス観光業に注目したシュヴァイツァーは、戦間期に直面した危機の要因を説明している。それによると、危機の多くは、政治的、社会的、経済的変動や旅行習慣の変化だけではなく、観光業界に内在していたという。すなわち、問題は観光施設の融通性のなさや持続的成長への根拠のない期待感にあった。観光業の危機的状況に対し、連邦政府は宿泊業界への介入をはじめる。ただし、連邦政府主導による観光政策はいまだ問題になりえず、介入は時限的な非常措置と理解さ

54

れていた。ほかの経済分野と同様に、戦間期の末にようやく、長期的な展望に立脚したより積極的な観光政策が形成されていくという[2]。

シュヴァイツァーは、戦間期全体をスイス観光業の危機の時代として把握した。それに対し、世界恐慌がスイスに到来した 1931 年以降の動向に注目したのが、余暇の社会史を研究したシューマッハである。彼女は、危機が深刻化した観光業界において、19 世紀末以来先頭に立ってきたホテル協会に代わり、業界全体の利益を代表する団体として観光連盟が結成された経過を明らかにし、新しい観光業の方向性を模索する動きとして評価している。この研究では、観光連盟が団体の名称に「外来者の往来」（Fremdenverkehr）という表現を採用し、その概念の明確化に努めたこと、それに、外国人観光客のみならず、スイス人の客層開拓に取り組みはじめたことに注目している[3]。

以上のように、程度の差はあれ、戦間期、とりわけ 1930 年代に入ると、観光業のなかでそれまでとは異なる新しい動きが生じてくるという点で、両者の研究は一致している。

しかし、観光業界が危機への対応策として採用した戦略の具体像については、詳細に検討されているわけではない。確かに、シューマッハの研究は、それぞれ観光業界を代表する業界団体であったホテル協会と観光連盟の方向性のちがいを対比的に論じており、本章の考察においても大いに参考となる。しかし、彼女の研究では、観光連盟によるスイス人観光客の開拓という側面が強調されるあまり、当時の観光業が直面した課題とそれへの対応策については、十分に検討されていない。

観光業界の再編は、連邦政府への発言力を強めていく経済団体一般の動向と切り離すことはできない。観光連盟を核として、スイスの観光業は、全国レベルの振興体制を整備していく。他の経済部門と同様に、この時期に定着した観光振興のあり方は、第二次世界大戦を経て、現代に継承されるのであ

2　Schweizer, *Krise und Wandel*, S. 182-185. 例として、前章で言及した 1940 年の観光宣伝組織の統一が挙げられている。

3　Schumacher, "Krise im Reiseland par excellence", S. 81-92.

る。観光連盟とその事業への着目は、現代スイス観光業の原点を解明するう
えで必要である。

　以下、本論では、紹介した先行研究を踏まえつつ、第一次世界大戦後のス
イスで生じていた観光業の構造転換について確認したうえで、観光業界が一
つの団体として結集し、スイス全体にかかわる観光振興策を提起していく過
程を検討したい。特に、1930 年代の観光連盟の設立にみられる観光業界の
再編とその事業活動に焦点をあて、危機に直面した観光業界と連邦政府の対
応策を検討する。まず、第 1 節では、観光に生じていた変化と観光業界の構
造転換の諸相を概観する。続く第 2 節では、1930 年代以降の危機の深刻化
に対する観光業界の対応に関して、第一次世界大戦前への復帰をめざしたホ
テル協会の動向と、新たな方向性の提示を試みた観光連盟の設立を中心に検
討する。第 3 節では、観光連盟が取り組んだ観光振興策の内容とその意義を
考察する。

第 1 節　戦間期における観光業の変容

　第一次世界大戦の勃発によって、19 世紀から持続していたスイス観光業
の隆盛はいったん幕を閉じた。大戦後の 1920 年には宿泊数が約 1557 万泊
と、2000 万泊を超えた戦前の水準から大幅に落ち込んでいる。しかし、
1920 年代後半に入ると、観光業は回復基調を示した。1928 年の宿泊数は約
1945 万泊を記録し、その量的規模だけをみれば、徐々に第一次世界大戦前
の水準へ戻りつつあったといえる（図 3-1）[4]。

　しかし、1931 年以降、世界恐慌の影響がスイスにも及ぶと状況は一変した。
1920 年代後半にようやく回復への軌道に乗っていたスイス観光業は、観光
客の激減によって再度の苦境に陥った。そのことは、宿泊数の変遷をみれば
明白である。1932 年には、宿泊数が約 1300 万泊となり、1929 年と比べ、約

4　Koller, "Entwicklung und Umfang des Fremdenverkehrs in der Schweiz", S. 54.

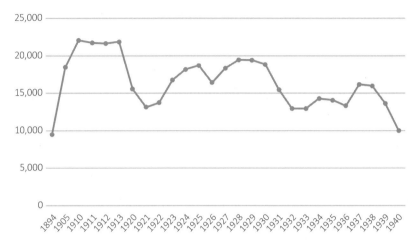

図 3-1　スイスのホテルにおける宿泊数の変遷：1894-1940 年*（単位：千泊）
*　1940 年は暫定値。

出典：A. Koller, "Entwicklung und Umfang des Fremdenverkehrs in der Schweiz", in: *Zeitschrift für schweizerische Statistik und Volkswirtschaft*, 77（1941）, S. 54 より作成。

700 万泊も減少している（図 3-1）[5]。また、1932 年のスイス連邦鉄道の利用客数は 1 億 1580 万人であったが、これは前年から約 840 万人減少した数である[6]。シューマッハは、1914 年から 1950 年にかけての時期をさして、スイスにおける観光の「暗黒時代」と呼んでいるが、なかでも恐慌を経験した1930 年代こそが、「暗黒」と形容するにふさわしい時期であったといえよう[7]。

　観光客数の激減とあわせて注目すべきは、量的な増減の背後で生じていた戦間期の観光業の質的な変化である。ここでは、主にシュヴァイツァーの研究にもとづいて、19 世紀から現代にいたるスイス観光業の特徴をまとめ、特に戦間期に顕著に生じた変化を確認しておく[8]。

　まず、スイスを訪問する外国人観光客の出身国・地域の割合についてであ

5　Ebd.

6　Nationale Vereinigung zur Förderung des Reiseverkehrs, *Jahresbericht (1932)*, S. 7.

7　Schumacher, "Krise im Reiseland par excellence", S. 81-82.

8　Schweizer, *Krise und Wandel*, S. 182-185.

表 3-1　観光客出身国の割合（1894-1935 年）（%）

出身国・地域	1894 年	1910 年	1913 年	1925 年	1930 年	1935 年
スイス	18.9	17	20.5	42.5	41.2	61.2
ドイツ	30.27	26.3	28.4	22.2	22.1	15.2
フランス	10.8	14.3	11.7	4.8	6.5	
イタリア	2.7	3.1	2.6	1.8	2.7	
イギリス	14	13.2	9.6	9.6	8.2	
ベルギー、オランダ	2.4	4.1	4.8	3.5	4.5	
スペイン、ポルトガル	0.2	1.3	1.1	0.7	0.5	
オーストリア、ハンガリー、チェコスロヴァキア*	2	2.6	3.8	3.6	3.2	22.9
スウェーデン、ノルウェー、デンマーク	-	0.7	0.7	0.8	0.8	
バルカン諸国	-			0.7	0.9	
ロシア、ポーランド	2.1	3.2	3.8	0.4	0.6	
北アメリカ	6.6	11.9	10.5	7.9	7.5	
その他の国々	9.6	2.3	2.5	1.5	1.3	0.7

* 1894 年から 1913 年まではオーストリア＝ハンガリー帝国、1925 年と 1930 年については、オーストリア、ハンガリー、チェコスロヴァキア 3 国の合計。

出典：Hubert Gölden, *Strukturwandlungen des schweizerischen Fremdenverkehrs 1890-1935*, Diss., Zürich 1939, S. 116-117, Tab. 8 より作成。

る。19 世紀以来、スイスは外国人向けの観光地として発展してきた。19 世紀末以降になると、ドイツをはじめとする周辺諸国から来訪する旅行者が最も多くなり、それにイギリス、北米、ベネルクス諸国が続いた。戦後の 1930 年に限定してみても、出身地域の割合は、ドイツが最大で約 22 %（約 93 万人）を占め、依然として外国人観光客のなかで最大勢力であった（表 3-1）[9]。同時期には北米からの旅行者も次第に増加していくが、その規模が 1 割を超えることはなく、西ヨーロッパ諸国からの旅行者が大半を占めていたといえよう。観光業界が外国人を対象とした観光振興を図る際には、主にこの地域の動向を注視する必要があったのである[10]。他方で、第一次世界大戦、さらには戦後の恐慌の影響を受けて外国人の入国が減少したことにより、観光客数

9　Gölden, *Strukturwandlungen des schweizerischen Fremdenverkehrs*, S. 116-117, Tab. 28; これは、ゲルデンがホテル協会の調査（1894 年、1910 年、1913 年）、観光事務所の調査（1925 年、1930 年）、それに連邦観光統計（1935 年）をもとに作成した表である。

10　Schweizer, *Krise und Wandel*, S. 183-184.

に占めるスイス人の割合が 1913 年の約 21 %（約 82 万人）から、1930 年には約 41 %（約 173 万人）と半数を超える規模にまで上昇していくことになる[11]。

　次に、観光シーズンと観光地の変動、それに滞在期間の変化について検討しよう。これらは、第一次世界大戦前から表れていた傾向で、戦間期に変化が加速していく。まず、観光シーズンにおいて変化がみられる。19 世紀のスイス観光は、夏季が中心であったが、スキーやそりなどを利用したウィンタースポーツの浸透により、冬季観光の比重が徐々に高まりつつあった。たとえば、スイス南東部のグラウビュンデン州サン・モリッツやダヴォスは、冬季観光によって発展した代表的観光地である[12]。ここでは、すでに第一次世界大戦の直前の段階で、冬季の客数が夏季と同等の水準に達し、1930 年代後半になると夏季を大幅にしのぐにいたった。しかし、この傾向はいくつかの観光地に限られたものであり、スイス全体でみれば、全宿泊数の半分程度にとどまった[13]。

　滞在期間についてみると、短期化の傾向が顕著である。すなわち、保養地に長期滞在するという、それまでの旅行スタイルが変容するのである。その原因を列挙すると、観光旅行に参加する社会層がより下層へと拡大したこと、旅行の主な目的が保養から娯楽へと変化したこと、スポーツ目的の旅行が増加したこと、経済状況の変化によって長期滞在が困難になったこと、スイス国内の旅行者が増加したこと、週末観光などの新しい旅行スタイルが登場したこと、それに自動車旅行が登場したことなどが挙げられる[14]。

　運輸面では、それまでの主要な交通手段であった鉄道に加えて、自動車の重要性が高まり、業界内でも自動車を利用する観光客への対応が意識されることになる[15]。すでに第一次世界大戦前から、自動車でスイスを訪れる外国

11　Gölden, *Strukturwandlungen des schweizerischen Fremdenverkehrs*, S. 116-117, Tab. 28.

12　König, *Bahnen und Berge*, S. 214.

13　Schweizer, *Krise und Wandel*, S. 125-126, 184.

14　Ebd., S. 119-125.

15　Ebd., S. 111, 117.

表3-2 連邦鉄道観光関連乗車券販売数の等級別割合（1903-1935年）（%）

年	一等車	二等車	三等車
1903	7.7	48	44.3
1905	7.4	46.4	46.2
1910	9.2	41.6	49.2
1913	8.9	38	53.1
1925	9.9	32.8	57.3
1930	4.7	24.5	70.8
1935	2.3	22.6	75.1

出典：Hubert Gölden, *Strukturwandlungen des schweizerischen Fremdenverkehrs 1890-1935*, Diss., Zürich 1939, S. 140 より作成。

人は存在していた。一部のホテル経営者も、自動車の重要性に着目し、車庫や駐車場の整備を進めていた。他方で、第一次世界大戦前後の時代でも、スイスの一部地域では自動車への反感が残っていた。代表的事例として、グラウビュンデン州の出来事が挙げられる。ここでは、1911年に自動車の完全禁止が住民投票で可決された。しかし、このような自動車の増加に対する反対行動は、一部の地域に限定された現象にとどまり、グラウビュンデン州の規制も1925年に廃止されることになる[16]。

　戦間期には、観光に参加する社会層も拡大していく。そのことは、鉄道の利用者層の変化から理解できる。スイス連邦鉄道による観光関連乗車券の販売の等級別割合をみると、1930年代には一等車と二等車利用の割合が、第一次世界大戦前と比較してほぼ半減している。それと反比例するように、三等車利用の割合が急増していた（表3-2）[17]。ただし、そのことは大衆化の全面的展開を意味するわけではない。自家用車でスイスにやってくる旅行者が全体の3分の1を占めていたことからも明らかなように、スイスは富裕な旅行者もつなぎとめていたのである[18]。

16　メルキは、グラウビュンデン州で自動車への反感が高まった要因を、現地住民の「反進歩的な」心理にではなく、社会的費用負担への抵抗に見出している。Christoph Maria Merki, "Den Fortschritt bremsen? Der Widerstand gegen die Motorisierung des Straßenverkehrs in der Schweiz", in: *Technikgeschichte*, 65-3 (1998), S. 233-253.

17　Gölden, *Strukturwandlungen des schweizerischen Fremdenverkehrs*, S. 140, Tab. 35.

18　Ebd., S. 36, 39; König, *Bahnen und Berge*, S. 145.

　以上のように、戦間期のスイスでは「旅行様式の多様化」と「大衆化」という二つの変化が進行しつつあった。鉄道では一等車を利用し、長期滞在地としてスイスを選ぶ富裕な観光客は相対的に減少し、観光業界は新たなニーズの把握とそれへの対応を迫られることになったのである。次節以下ではその内容を検討する。

第2節　ホテル協会の危機対応と観光連盟の設立

　先述のように、19世紀末以来、宿泊業界は観光業界の利益代表として観光事務所の設立などさまざまな局面で存在感を発揮した（第1章・第2章参照）。1930年代の宿泊数の激減という危機に直面して、この業界が採用した方策は、連邦政府に対して業界保護策を要求することであった。主に中・上級ホテルを代表する経営者団体であるホテル協会は、補助金による支援を求めて、1932年2月に緊急の請願を連邦政府に提出した[19]。こうした動きの背景には、19世紀後半以来スイスで発展してきた、外国人富裕層を対象とする高水準の観光を維持したいという、宿泊業界の思惑があった。

　ホテル協会の求めを受けて、連邦政府も対策に乗り出す。第一次世界大戦で苦境に陥ったホテルの経営体質改善のために、国庫から融資を行っていたホテル信託会社は、本来であれば1931年に役目を終えて解散する予定であった（第1章参照）。しかし、一転して300万フランの補助金を拠出して信託会社を存続させる法案が、1932年8月に連邦議会で可決された[20]。議会での議論のなかで、ホテル協会側は、宿泊業に従事する従業員の数、運輸業や農業など関連産業への影響、ホテルへの投資額、さらに貿易赤字を相殺する水準にあった観光収入の規模を論拠として、国によるホテルへの援助を

19　Schumacher, "Krise im Reiseland par excellence", S. 85.

20　Botschaft des Bundesrates an die Bundesversammlung betreffend Hilfsmassnahmen des Bundes zugunsten des notleidenden Hotelgewerbes（vom 8. Aug. 1932）, in: *Bundesblatt 1932*, Bd. 2, S. 341-373; Schumacher, "Krise im Reiseland par excellence", S. 86.

「国民の利益」にかかわる問題だと主張した[21]。さらに、1935 年 4 月の連邦
決議によって、ホテルの建設と拡張を規制した 1924 年の連邦法が、1940 年
12 月末まで延長された。これは、ホテルの経営立て直しに向けた支援策を
補完するものであった[22]。

　このような一連のホテル協会の対応からは、それまでの経営モデルを維持
したいという意図が見出される。すなわち、連邦政府から引き出した危機へ
の対応策は、第一次世界大戦以前の状況を基準として、そこへ復帰すること
を目的としたものであった。すでに 1915 年には、大戦の勃発による観光客
の激減にともない、ホテルへの過剰投資と軒数の急増が問題化していた。こ
の際にも、宿泊業界は連邦政府にホテル建設禁止令を制定させることで対応
した。さらに、第 1 章で既述のとおり、大戦後の業界の苦境に対する連邦政
府からの法的・財政的援助を勝ち取り、1921 年にはホテル信託会社が設立
されていた。1930 年代のホテル協会による危機への対応策も、こうした連
邦政府の補助金政策の延長線上に位置づけられよう[23]。

　ただし、ホテル協会によるこれら一連の動きを、単純に宿泊業界の防衛策
として理解するのは早計である。当時の観光業にみられた大衆化の傾向は、
スイスへの外国人観光客数を回復させる可能性を秘めた一方で、対策を誤れ
ば、過度の俗化を招き、高級観光地としての評判を低下させるおそれがあっ
た。同時代の経済学者ゲルデンが、ホテル協会による質の維持に向けた模索
を肯定的に論じたように、ホテル増加への規制と補助金による支援の継続と
いうホテル協会の主張と、それを認めた連邦政府の対応からは、観光政策と

21　Ebd., S. 85-87.
22　ただし、こうしたホテルへの規制は、必ずしも厳格ではなかった。スイス商工業連盟の年次
　報告書によれば、1924 年の救済措置開始以降 1935 年まで、1489 のベッド数の増加が認可され
　てきた。*Bericht über Handel und Industrie der Schweiz im Jahr 1935*, erstattet vom Vorort
　des Schweizerischen Handels- und Industrie-Vereins, S. 228.
23　Schweizer, *Krise und Wandel*, S. 182-183; Schumacher, "Krise im Reiseland par excellence",
　S. 87. 第一次世界大戦前の宿泊業の特徴については、Tissot, "Tourism in Austria and
　Switzerland", pp. 285-302 も参照。

しての一定の戦略性を読み取ることも可能である[24]。

　もっとも、ホテル協会による一連の対応からは、第1節で検討した観光業界の質的変化よりも、宿泊業界内部の問題を優先しようとする姿勢がみてとれる。同時代の研究者V・エッガー（Victor Egger）が指摘したように、第一次世界大戦前からの投機によって生じた、新規のホテル建設や拡張は部屋の供給過剰を引き起こして問題になっていたが、これは1930年代に入っても解決していなかった。また、エッガーが指摘する宿泊業界の課題には、専門的能力を有したホテル経営者の人材育成も挙げられていた[25]。しかし、ホテル協会が連邦政府に実行させたのは、供給過剰に対する直接的な救済策のみであり、大衆化をはじめとする観光業の質的変化に適応した、新たな観光振興を志向する動きは鈍かったといわざるを得ない。

　この間に、観光業の組織化は、国政レベルですでに先行して進められていた。連邦議会内には、1930年に自由民主党の国民院議員A・メウリ（Anton Meuli）を中心に、「観光・ホテル・交通に関する議員団」（Parlamentarische Gruppe für Touristik, Hotellerie und Verkehr）が結成され、国政への影響力強化を図っていた[26]。

　彼らの動きは、業界団体の結集につながっていく。1932年6月9日、メウリら議員団のメンバーや観光業界関係者による協議がベルンで行われ、観光連盟の設立構想が提起された。構想の実現に向けては、特に観光業界で発言力の強かった銀行家で、複数の鉄道会社の経営者でもあったF・エーレンシュペルガー（Fritz Ehrensperger）が精力的に動き、21日に準備委員会の発足にこぎつけ、新団体への参加を呼びかけた[27]。

24　Gölden, *Strukturwandlungen des schweizerischen Fremdenverkehrs*, S. 367-368.

25　Victor Egger, *Strukturwandlungen in der Schweizer-Hotellerie*, Diss., Bern 1935, S. 191-192.

26　メウリはクール・アローザ鉄道会長。他のメンバーには1935年から観光連盟第二代会長となるM・ガフナー（Max Gafner）、モントルー・オーバーラント鉄道会長J・ミュラルト（Jean de Muralt）、ルツェルン市長J・ツィンメルリ（Jacob Zimmerli）がいた。Schumacher, "Krise im Reiseland par excellence", S. 93, Anm. 12.

27　*Zehn Jahre Schweizerischer Fremdenverkehrsverband: Referate an der Generalversammlung* ↗

その呼びかけは次のように主
張している。スイス経済の最重
要部門のすべてが、主要な団体
や政治党派のなかに強力で実行
力のある組織を有しているの
に、観光業にかかわる個々の業
界の組織には、広範な基盤と力
が欠けている。これらを統一す
る観光連盟は、観光業という重
要な産業部門の利益を代表する

図 3-2　F・エーレンシュペルガー
出典：Schweizerischer Fremdenverkehrsverband
(Hg.), *Dr. Fritz Ehrensperger zum Gedächtnis*,
Zürich 1938, S. 3.

ことができるという。この団体は、以下の 4 つの点で観光業の利益代表とな
ることをめざしていた。①当時の業界が分裂した状態に代わり、国家組織に
対する共通の利益を一体的に確保すること。②他の経済グループとの交渉。
③スイスのなかで観光のもつ意味に関する理解と関心を呼び起こすために、
世論を計画的に啓蒙すること。④宣伝組織を効果的に作り上げること。

　観光連盟は準備作業を経て、1932 年 7 月 16 日に発足した[28]。観光連盟の
組織について、規約をもとに整理しておく。連盟の目的は、「スイス観光に
関心をもつすべての人びとを、彼らの共通の経済的利益を確保・支援するた
めに、組織的に統一すること」にあった（第 1 条）[29]。観光連盟は、ホテル

1942 *des Schweizerischen Fremdenverkehrsverbandes mit anschließendem Tätigkeitsbericht*
1941/42 (Nr. 18 der Publikationen des Schweizerischen Fremdenverkehrsverbandes), Zürich
1942, S. 27-30; エーレンシュペルガーは、観光連盟発足にあたり初代会長に就任し、1935 年ま
でその座にあった。同時に彼は、チューリヒのグイヤー＝ツェラー銀行頭取で、ヴェンゲンア
ルプ鉄道とユングフラウ鉄道の会長であった。1938 年に死去するまで、同時代の観光業界を代
表する人物として、鉄道経営にとどまらず、スイス観光業のあり方全般について発言し、多岐
にわたる業績を残した。Schweizerischer Fremdenverkehrsverband (Hg.), *Dr. Fritz*
Ehrensperger zum Gedächtnis, Zürich 1938; Schumacher, *Ferien*, S. 288, Anm. 8.

28　*Zehn Jahre Schweizerischer Fremdenverkehrsverband*, S. 21-22.

29　*Schweizerischer Fremdenverkehrsverband, Statuten genehmigt von der Generalversammlung*
　　vom 29. September 1932, Art. 1.

協会のように観光にかかわる業界個別の利益代表という立場を越えて、スイス観光業全体の利益を代表した。エーレンシュペルガーは、この点について、個々の経営者団体が観光業界を代表することの限界を以下のように述懐している。

　　観光にかかわって、多岐にわたるすべての利益を代表する団体が必要なことを、本気で疑う者は誰もいない。なぜなら、〔観光業にかかわる個別の業界による〕専門の諸団体は、たとえそれがなおも重要であり、これまで称賛に値する仕事をしてきたとしても、決して業界全体の利益を代表することはできないからである。こうした全体の利益と私経済上の対立は、しばしばあまりに大きいものがある[30]。　　　　　（〔〕内は引用者）

　こうした認識が業界に広く共有されていたことを示すように、観光連盟には観光関連の団体が結集した。観光連盟を構成したのは、①スイス全国レベルの中央諸団体、②中央の被傭者諸団体、③中央団体に不参加、あるいは中央団体が認めた地域・地方レベルの諸団体、④国有企業ならびに私企業、⑤私人、⑥州と地方自治体、であった（第3条）[31]。具体的には、主に交通機関や宿泊施設、それに観光宣伝にかかわるスイス全国レベルの団体などが参加していたが、自治体や個人の立場で参加した連邦議会議員もいた[32]。
　観光連盟という観光業界全体を代表する組織が必要とされた背景には、国内外において観光業の振興が経済的・政治的課題として重要性を増していたことがある。ホテル協会も設立当初から観光連盟に加盟しており、ホテル協会会長で国民院議員だったH・ザイラーは初代の副会長に就任してい

30　Fritz Ehrensperger, "Probleme und Ausgaben der schweizerischen Fremdenverkehrspolitik", in: *Sonderabdruck aus der Festgabe für Ernst Scherz, Direktor der Kantonalbank von Bern, zum 60. Geburtstag*, Zürich 1937, S. 29.

31　*Statuten*, Art. 3.

32　1932年7月の設立時点で、メンバー数は75であった。設立後10年間のメンバー数の変遷については、*Zehn Jahre Schweizerischer Fremdenverkehrsverband*, S. 36 を参照。

る[33]。既存の観光関連団体との関係では、当初、連邦鉄道宣伝部や観光事務所との観光宣伝をめぐる役割分担が問題になった。協議の結果、1933 年の春に、観光連盟、連邦鉄道、観光事務所の三者間で紳士協定が結ばれ、宣伝分野での役割分担が明確にされた。観光宣伝は、観光事務所の業務として、観光連盟の行う宣伝活動は団体の目的や観光業の重要性の周知に限定された[34]。

　ホテル協会の要求に応じる形で、連邦政府が行った対策は、その対象が宿泊業界の枠を越えるものではなかった。観光をとりまくさまざまな変化に対処するには、個別の業界を越えて、観光業全体をみすえたレベルでの対応が必要だった[35]。このことが、観光連盟が設立された背景であるといえる。

第 3 節　観光連盟の事業展開

　観光連盟初代会長を務めたエーレンシュペルガーは、1937 年の時点で、連盟が取り組むべき具体的課題を以下の 8 点にまとめている[36]。①国内の他の経済集団や国家に対して、観光に携わるあらゆる領域についての業界全体の利益を擁護すること。②外国で生じたあらゆる措置とそれがスイスの経済に及ぼす影響を把握し、連邦が攻守それぞれの措置をとることを要求し、さらには国家レベルの交渉に協力することによって、諸外国の動向からスイス観光業の利益を擁護すること。③観光業の利益に沿った交通政策の改善への協力。④観光振興にかかわるあらゆる措置が国内外に与える影響を経済的・

33　Ebd., S. 37; 第 2 章で既述のように、H・ザイラーは A・ザイラー（2 世）の弟である。Bernard Truffer, "Seiler, Hermann", in: Die Stiftung Historisches Lexikon der Schweiz (Hg.), *Historisches Lexikon der Schweiz*, Bd. 11, Basel 2012, S. 419.

34　Ebd., S. 31-32; *Schweizerischer Fremdenverkehrsverband 1932/33*, S. 9.

35　Schumacher, "Krise im Reiseland par excellence", S. 81-82; ただし、シューマッハが主張するように、観光にかかわる団体・組織が観光連盟に結集した要因を、単純に大衆化への対応だけに帰することはできない。この点は後述する。

36　Ehrensperger, "Probleme und Ausgaben", S. 29-30.

統計的に把握すること。すなわち、鉄道運賃やガソリン価格の割引、査証や税金の緩和、通貨や価格から得られる利益、集団旅行、安価な大量移動の与える影響の把握。⑤パック旅行などのように、国内外でさまざまなグループが共同で参加する価格協定がもたらす影響の調査と評価。⑥経済領域ごとに区切った景気の把握によって、外国人がどれほど旅行できるか調査すること。⑦職業教育にかかわらない範囲での、観光業に携わる人材育成の支援。それに⑧観光振興事務所と合わせた共通機関の再編である。

　①に関する国内向け活動としては、「スイス観光会議」の開催が挙げられる。1933 年から 35 年にかけて、計三回開かれた一連の会議は、連邦議会、連邦政府などに対してスイス経済と財政における観光業の重要性を訴えた。第一回会議（名称は「スイス観光・交通会議」）は、1933 年 3 月 30 日から 4 月 2 日にかけてチューリヒで行われた。この会議の内容は、学術的性格が濃く、「スイスの旅行における自然、気候、文化、スポーツ面での諸条件」、「宣伝」、「旅行の発達に関する交通面の諸条件」、「スイスにおける旅行の経済的影響と成果」の四部会に分かれ、22 の講演が実施されている[37]。これに対し、翌 34 年の 5 月に、世界経済の情勢変化を受けてベルンで開催された第二回会議では、観光政策のあり方が主な議題となった。ここでは、連邦大統領 M・ピレ＝ゴラ（Marcel Pilet-Golaz）が講演し、宿泊業の立て直しを経済状況全般の改善との関係で重視するなど、国民経済の柱として観光業を位置づけた[38]。さらに、1935 年にモントルーで開催された第三回会議で

---

[37] *Schweizerischer Fremdenverkehrsverband 1932/33*, S. 10-11; この会議の内容は以下に収録されている。Schweizerischer Fremdenverkehrsverband (Hg.), *Der Fremdenverkehr in der Schweiz: Vorträge, gehalten anläßlich des I. Schweizerischen Kongresses für Touristik und Verkehr in Zürich (30. März bis 2. April 1933) = Le tourisme en Suisse: Conférences prononcées à loccqsion du Ier Congrès suisses du tourisme à Zurich (30 mars - 2 avril 1933)*, o. O., [1933].

[38] *Schweizerischer Fremdenverkehrsverband 1932/33*, S. 14-15; この会議の内容は以下に収録されている。Schweizerischer Fremdenverkehrsverband (Hg.), *Der Fremdenverkehr in der Schweiz: Reden, Vorträge und Diskussionsvoten, gehalten am Schweizerischen Verkehrskongress 1934 in Bern (25. bis 27. Mai 1934) = Le tourisme en Suisse: discours, conférences et rapports du Congrès suisse du tourisme 1934 à Berne (25 à 27 mai 1934)*, o. O., [1934].

は、観光業の現場での実践について議論が交わされた。その議題には、「観光関連企業の運賃政策」、「スイスの飲食業の特色」、「外国での交通宣伝」などが並んでいた[39]。

スイスをとりまく国際環境の変化も、観光連盟が対処すべき重要な問題であった。エーレンシュペルガーの提起した課題②にみられるように、連盟への観光業界の結集が実現した直接的な背景には、ヨーロッパの周辺諸国が、恐慌を契機として政策を転換したことが挙げられる。

従来スイスに観光客を送り込んできた周辺諸国は、自国民の外国旅行を規制し、逆に自国内へとどまらせる政策をとった。すでにイタリアでは1925年に設立されたドーポラヴォーロが、1930年代に余暇活動の提供に重点を置くようになっていた。また、1933年11月にはドイツでもドーポラヴォーロを範とする歓喜力行団が誕生するなど、旅行を含む余暇活動を国家や政党の政治的イデオロギーと結びつける事業が出現しており、観光振興の観点でも注目されていた。

さらに、通商政策面でも転換が起こっている。恐慌にともなうヨーロッパ諸国での保護主義の台頭を背景として、1931年以降、スイスは為替管理を導入した国々との間で、個別に二国間為替清算協定を締結していった。スイスの経済主体が貿易相手国の経済主体に対してもつ債権と債務は、国の機関を通じて相殺されるようになる。こうした二国間決済の方法（クリアリング）が導入されたことで、観光業から生じる支払いもこの清算システムによって決済されることになった[40]。以上のような背景のもと、スイスの観光業界を代表して諸外国との交渉に臨むことのできる団体が必要とされたのである。観光連盟とは、まさに経済と政策の両面において、「ナショナリズム・

---

39 Schweizerischer Fremdenverkehrsverband (Hg.), *Tätigkeitsbericht über das Jahr 1935*, S. 24-25.

40 二国間協定については、独立専門家委員会 スイス＝第二次大戦編『中立国スイスとナチズム』、45-46頁を参照。当時のスイスは、このように保護主義に立つ諸国との二国間協議を行う一方で、国際通貨体制の維持を志向するという、二段構えの戦略を講じていた。

保護主義・干渉主義」が顕在化した「時代の所産」であったといえよう[41]。

　加えて、外国人観光客の減少だけが業界の課題であったわけではない。観光連盟はスイス国民による外国旅行の増加を問題視し、その国内への引き戻しを図っている。この背景には、諸外国で外国人を対象とする特別料金が設定されたことがあった。こうした方策によって、1933年7月にはスイス人の国外旅行が急増した。観光連盟は、連邦政府や州政府、それに関係する事業者にこの問題を周知した。世界恐慌以降、スイスの外国人観光客数が回復しないなかで、国内の旅行者までも外国に奪われるという状況は、観光連盟にとって脅威に映ったのである[42]。ここにみられる国内観光客重視の方針は、1937年以降に具体化する、自国民を対象とした余暇団体設立構想にもつながるものであった（第5章参照）。

　観光連盟の事業活動の前提として注目すべきは、第1節で検討した、スイスの観光業に生じていた構造転換を設立当初から認識していたことであろう。1932／33年度の観光連盟の年次報告書では、次のような点が指摘されている。第一に、恐慌にともなう富裕層の減少、あるいは冬季観光への移動が生じた一方で、夏季観光では、安価なパック旅行が増加していたこと。第二に、それとともに長期滞在の旅客が減少し、自動車を利用してスイスを通過していく旅行者が増加したことである。こうした構造転換への適応が求められていることを観光連盟の関係者は理解していたのである[43]。

　観光連盟は、スイス観光業界の利益を代表し、連邦政府とも協力して、観光業界の現状把握とそれにもとづいた観光振興策を立案することに主眼を置いていた。観光連盟が観光にかかわる業界のさまざまな利害を束ねて、観光業界を全国レベルで統一したことには、大きな意味があった。ただし、ここで問題とすべきは、以下のような点である。観光連盟が業界利益をどのように代表したのか。観光宣伝の重視などという点で主張が重なり、それまで観

41　*Zehn Jahre Schweizerischer Fremdenverkehrsverband*, S. 45-47.
42　*Schweizerischer Fremdenverkehrsverband 1932/33*, S. 12.
43　Ebd., S. 14.

光業界を主導してきたホテル協会とのちがいは何か。そして、観光連盟において構想されたスイス観光業の将来像はどのようなものであったのか。

　ホテル協会とは異なり、観光連盟は旅行様式の変化についての具体的対策を提起している。たとえば、自動車による観光については、その振興を図る立場から、アルプスの道路改修と進入路の整備を主張し、ガソリン価格や税金についても慎重な考慮を政府に求めている[44]。また、夏季のアルピニズムの振興と並んで、観光連盟は冬季観光を重視し、「スキー学校」を通じたスキースポーツの振興に取り組んだ。これは、それまでに事故が相次いだことで、スキーとスキー教育の技術水準の統一が課題となっていたことが背景にあった。1933年11月には、中央スイス、オプヴァルデン準州のエンゲルベルクでスキー指導者の講習会が開かれ、同年の冬には50のスキー学校が設立されている[45]。

　観光連盟が主導した、長期的視点に立脚した観光振興策としては、エーレンシュペルガーの掲げた課題⑦に関連した、観光研究の推進と人材育成が挙げられる。それまで、観光業にかかわる人材育成機関としては、1893年にホテル協会がローザンヌに開設したホテル専門学校しかなかったが、これはあくまで職業教育を目的として、宿泊施設の現業に携わる人材を養成してきた。しかし、戦間期に入ると、ホテル業界や現業にとどまらず、広く「観光業」に携わる専門的能力を有した人材育成が必要とされたのである[46]。この構想は、大学での研究・教育機関の整備という形で具体化されることになった（第6章参照）。

　観光連盟の行った以上のような諸施策は、観光とそれをとりまく動向が変化したことを認識したうえでの対応策であった。これらは、ホテル協会に代

44　Ebd., S. 16-18.

45　Ebd., S. 13.

46　同時代のドイツでも、ヴァイマル期に設立されたホテル専門学校で、ホテルの経営管理に携わる人材育成のための職業教育が行われていた。南直人「ホテル・飲食業における資格化と職業教育——現代からの照射」望田幸男編『近代ドイツ＝資格社会の展開』名古屋大学出版会、2003年、262-268頁。

表される従来の業界が行ってきた、宿泊施設への支援や観光宣伝にほぼ限定
された振興策と比較して、観光業界全体を視野に入れたという点で、はるか
に包括的なものであったいえる。さらに、観光連盟が、設立から数年を経た
1930年代後半に取り組むようになるのが、エーレンシュペルガーの挙げた
課題の⑤、すなわち、観光の大衆化に関する問題であった。

　その契機になったのがホテルプラン協同組合の活動であった（第4章参
照）。この旅行団体は、大衆化の傾向を積極的にとらえ、価格を抑えたパッ
ク・ツアーの提供を通じて国内外の観光客を誘引し、スイス観光業の復興を
企図するものであった。しかし、「安価なスイス」を掲げたこの事業は、観
光地としてのスイスの価値を低下させるものとして受けとめられ、特に価格
引き下げの強制を危惧したホテル協会をはじめとする観光業界の強い反発を
招き、観光連盟も協力を拒否した。結果、ホテルプランは当初の構想にもと
づいた事業の継続を断念した。この事件は、観光連盟に大衆化の流れを直視
し、対策を考えるきっかけを与えたという意味で重要である[47]。

　ホテルプラン協同組合の事業が衝撃を与えたことを示すように、1937／
38年の年次報告書では、従来の報告書で取り立てて論じられることのなかっ
た、「大衆の旅行」（Massenreiseverkehr）に関する一節が置かれている。
このなかでは、幅広い階層が参加して旅行の集団化が進むことによって、構
造転換が生じている現状を認識している[48]。さらに、歓喜力行団やドーポラ
ヴォーロなど、諸外国で取り組まれている事例を紹介したうえで、スイスも
新しい客層に無関心な態度をとることなく、研究の対象にすべきであると主
張した[49]。さらに、観光国スイスの立場から、大衆化がもたらす問題をいか
に解決するかが問われていた。その際に、対応策の基底にある考え方を端的
に表現したのが、同じ報告書のなかの次の文章である。

47　ホテルプラン協同組合の活動に対する観光連盟の対応については、Schweizerischer Fremdenverkehrsverband, *Tätigkeitsbericht über das Jahr 1935*, S. 29-30 も参照。
48　Schweizerischer Fremdenverkehrsverband, *Tätigkeitsbericht über das Jahr 1937/1938*, S. 64.
49　Ebd., S. 64.

〔大衆旅行への対策を検討するという〕この決断の背景には、さまざまな考慮があった。スイスでも大衆の旅行がますます拡大しているという事実は、論を俟たない。そのため、この新たに加わった旅行が、上質な旅行の最も大規模になる月に集中する危険性に対処する必要がある。起こることの避けられない混雑には、大衆旅行を局所的・時間的に管理することで対応するほかはない。したがって、〔旅行を普及させるという〕社会的な目的と並んで、旅行全般における組織的な対策は、先送りできない問題なのである[50]。　　　　　　　　　　　　（〔 〕内は引用者）

　以上の記述には、大衆化の進行に対する危機感が率直に述べられている。観光連盟は、以前から多くの観光客が訪れている時期・場所に、大衆化がもちこまれることをおそれた。大衆化を現実として受け入れつつ、従来の「高級観光」を維持するにはどうすればよいのか。観光業界は、1930年代末になると、先述の余暇団体設立を通じてこの両立困難な課題に取り組むことになるのである（第5章参照）。

50　Ebd., S. 64-65.

まとめ

　第一次世界大戦後に顕著となった、旅行様式の変化と大衆化は、世界恐慌を契機として、観光業界が取り組むべき重要な課題の一つになった。しかし、第一次世界大戦前後の観光事務所の設立過程で存在感を示したホテル協会は、宿泊業界の利益擁護に偏り、この課題に対して新たな振興策を示すことはできなかった。1932年の観光連盟の設立は、宿泊業界などの個別業界を越えた「観光業」の結集を示す出来事として、注目に値する。

　観光連盟は、1930年代の国際環境において、宣伝だけでは振興策として不十分であることを認識していた。周辺諸国との国際関係や流行の変化を視野に入れながら、観光連盟は、諸外国との交渉、交通機関の価格の引き下げ、国内観光客への着目、観光業界の人材育成などといった、多岐にわたる課題に取り組んだのである。確かに観光連盟が採用したこれらの対策は、ホテル協会とは異なり、観光業界全体を視野に入れたものであった。次章以下では、1930年代後半に浮上する大衆化に対する観光業界の対応に焦点をあてて議論したい。

第4章 「安価なスイス」へようこそ
——ホテルプラン協同組合による大衆化の試み

　1935年6月1日、湖畔に臨むスイス南部ティチーノ州の都市ルガノに、114人の乗客を乗せた特別列車が到着した。彼らが駅に降り立つと、地元ホテルのドアマンが大勢で出迎えた。ところがドアマンたちは、観光客であるはずの彼らを歓迎するどころか、大声でわめき散らすなどの嫌がらせを行い、果ては駅員や警官が制止に介入する騒ぎに発展したのである[1]。この特別列車を手配したのは、同年4月に設立されたばかりの旅行団体「ホテルプラン協同組合」（Die "Hotel-Plan" Genossenschaft, 以下、「ホテルプラン」）であり、その事業展開はスイスの観光業界に一大センセーションを巻き起こした。ルガノにおけるこの異様な光景は、それを象徴するものであった。

　前章で述べたように、1930年代以降「暗黒時代」に突入した観光業界は、それまでのスイス観光のあり方について再検討を迫られ、観光業の再生に向けてさまざまな施策を模索していた。その際に、観光業界の外部から突如登場した新たな試みがホテルプランであった。創設者のG・ドゥットヴァイラー（Gottlieb Duttweiler）は、現在のスイスを代表する小売企業ミグロ（Migros）の創業者として知られる実業家であり、同時にいずれの既成政党にも属さない政治家としても存在感を示した人物である。彼は、その小売業界での経験から「経済的自由主義」を標榜し、業界の論理にもとづいて振興

1　*Schweizer Hotel-Revue*, 13. Juni 1935; Schumacher, "«Genuss in Überfluss»", S. 122-123. なお、Alfred A. Häsler, *Das Abenteuer Migros*, Zürich 1985（山下肇・山下萬里訳『ミグロの冒険——スイスの暮しを支えるミグロ生協の歩み』岩波書店、1996年）, S. 80（邦訳113頁）では、参加者数が126人で、そのほとんどをドイツ語圏スイス人としているが、その典拠は不明である。また、ルガノ到着時の混乱にも言及していない。

されてきた観光業に反省を迫り、消費者としての観光客を重視して、新形態の観光旅行を提案した。具体的には、ホテルプランは、当時の西ヨーロッパ社会に生じつつあった観光をとりまく変化を念頭に置いて、スイスにおける観光の大衆化を推進した。すなわち、諸外国の富裕層ではなく、中間層以下の人びとを主要な顧客として着目したのである。しかし、この事業は観光業界からの猛反発を受け、設立当初の構想は断念されることになる。

　本章では、ホテルプランをめぐる論争を軸として、観光業界の大衆化に対する態度を考察する。その際、1930年代後半の観光業界が、大衆化の受容をめぐって動揺し、スイスにふさわしい観光振興を模索する過程を中心に分析する。とりわけ、大衆化を商機として積極的に活用しようとしたホテルプランの事業活動と、それに懐疑的であった観光業界との対立関係を検討することになる。

　次に、ホテルプランをめぐる先行研究の状況を確認しておこう。

　1930年代のホテルプランによる観光振興の試みについては、最近にいたるまで断片的に紹介されてきたにすぎない。日本で比較的容易に得られる情報源としては、スイスのジャーナリスト、A・ヘスラー（Alfred A. Häsler）によるドゥットヴァイラーの評伝がある。本書は、ドゥットヴァイラーの事績について、詳細な情報を提供する点で有益である。しかし、原著がミグロ生活協同組合連合会から出版されていることからも理解できるように、ドゥットヴァイラーの活動に対する評価が総じて好意的であることには注意を要する。なぜなら、ホテルプランの立ち上げとその事業展開も、卓越した企業家ドゥットヴァイラーによる英雄的行為の一つとして扱われているため、ホテルプランが観光業界へ与えたインパクトの大きさが強調され、成功した事業例だけが取り上げられているからである[2]。

　歴史研究に目を転じれば、ミグロの創業者という企業家としての側面と、個性豊かな政治家という側面への関心から、ドゥットヴァイラーを対象とし

2　ホテルプランの活動については、Häsler, *Das Abenteuer Migros*, S. 80-88（邦訳 113-122 頁）を参照。

た一定の研究蓄積がある[3]。本章での関心にしたがえば、それらの研究が、ホテルプランをどのように位置づけているかが問題となる。

　いくつかの研究は、ホテルプランをソーシャル・ツーリズム団体であると位置づける。ソーシャル・ツーリズムとは、社会的・経済的理由で観光旅行に参加できない人びとに対する支援を意味する、いわば「社会福祉的観光」のことであり、第二次世界大戦後にフランスや西ドイツをはじめとする西ヨーロッパ諸国で定着し、マス・ツーリズム促進の一端を担ったと評価されている[4]。次章で詳しく論じるように、スイスでは、1939年に観光業界や労働組合が中心となって設立された「スイス旅行公庫協同組合」（Die Genossenschaft Schweizer Reisekasse, 以下、「Reka」）が、ソーシャル・ツーリズム団体の代表的事例として知られている。

　M・イェンニ（Manuel Jenni）の研究は、ドゥットヴァイラーが1935年に国民院議員に当選するまでの経済活動を検討し、ホテルプラン創業期の状況を詳細に跡付けている[5]。本研究は、1935年に構想されたホテルプランの事業が、Rekaに4年先駆けていた点を積極的に評価している[6]。また、戦間期スイスの観光の変容について研究したシュヴァイツァーの論文も、ホテルプランをRekaと同列に論じ、ソーシャル・ツーリズムを志向した事業であると指摘している[7]。

　しかし、ホテルプランをソーシャル・ツーリズムの先駆的組織としてとらえることには、一定の留保が必要であろう。社会事業としてのソーシャル・

3　邦語による研究では、上野喬「低価格・高品質の経営経済学——ミグロは路上に生まれ逆境に育ちセルフサーヴィスにより成長する」『東洋大学大学院紀要　法・経済・経営研究科』第41集（2005年3月）、387-416頁がある。

4　Hachtmann, *Tourismus-Geschichte*, S. 158-159; マルク・ボワイエ（成沢広幸訳）『観光のラビリンス』法政大学出版局、2006年、249-250頁、成沢広幸「フランス社会とソーシャル・ツーリズム」多方一成・田渕幸親編著『現代社会とツーリズム』東海大学出版会、2001年、51-75頁。

5　Manuel Jenni, *Gottlieb Duttweiler und die schweizerische Wirtschaft: Die Entwicklung der Persönlichkeit und des Werks bis zum Eintritt in den Nationalrat (1935)*, Bern 1978, S. 358-379.

6　Ebd., S. 374.

7　Schweizer, *Krise und Wandel*, S. 170.

ツーリズムと、経済部門としての観光業の再生を事業の目的としたホテルプランとでは、おのずから組織の性質を異にするからである。次章で論じるように、ドゥットヴァイラーやホテルプランの事業構想のなかに、広範な社会層への余暇の普及が含まれていたことは事実である。だがそのことは、同時代の歴史的文脈を踏まえて検討されなければならない[8]。

シューマッハによる一連の研究も、この点を満足させるものではない[9]。彼女の研究は、ホテルプランの「万人に余暇を提供する」("Ferien für alle") という理念に着目する。そのうえで、ホテルプランが観光業界との協力関係構築に失敗し、それにともなう計画の行き詰まりに直面したことにより、当初の理念が形骸化し、ホテルプランは一般の旅行会社と同様の組織に変容していくと結論づけている。

シューマッハの研究は、多くの一次史料を駆使し、現時点における研究の到達点を示したものであり、議論の大筋に異論はない。しかし、序章でも述べたように、その研究は、スイスの人びとの余暇経験を、言説分析によって解明しようとした点に特色がある。シューマッハの問題意識は、スイス観光業の歴史を主たる対象とする本書の問題意識からは、大きく隔たっている[10]。それゆえ、ホテルプランの歴史的意義を近現代観光史の観点から再検討する余地は残されている。

前章で論じたように、1930 年代にスイスの観光業界は、すでに危機への対応を開始していた。しかし、より抜本的な対応を迫ったホテルプランを観光業界が拒絶したのはなぜなのだろうか。本章では、この問いに答えたい。まず第 1 節では、ホテルプラン設立の背景となる、ミグロを中心とするドゥットヴァイラーの企業活動とその特徴について確認する。第 2 節では、ホテルプランの事業内容を分析し、その大衆化に適応しようとした観光業復

8　ドゥットヴァイラーとソーシャル・ツーリズムとのかかわりについては、第 5 章で検討する。

9　Schumacher, "Krise im Reiseland par excellence"; Idem, "«Genuss in Überfluss»"; Idem, "Ferien für alle; Idem, Ferien.

10　Schumacher, *Ferien*, S. 12-13.

興策について論じる。さらに、第 3 節では、ホテルプランの経営実態について確認したうえで、観光業界との間で交わされた議論を検討し、その事業が観光業界に与えたインパクトの大きさと影響について考察したうえで、観光業界の抵抗の理由を示したい。

第 1 節　ミグロの事業展開から政界進出へ

本節では、ドゥットヴァイラーによる活動の全体像を概観し、ホテルプランの事業展開の背景を提示する。

まず、ドゥットヴァイラーの略歴を紹介しておこう[11]。1888 年、チューリヒに生まれたドゥットヴァイラーは、商社での勤務やブラジルでの農場経営を経て、1925 年にチューリヒで食糧・日用品の移動販売業を目的とした、ミグロ株式会社を設立した。この会社は、翌年に店舗での販売も開始し、高品質な商品を低価格で提供するという消費者重視の経営を掲げ、大きな成功を収めた。その一方で、業界団体や州政府との摩擦が絶えず、紛争は連邦レベルにまで拡大した。1933 年には、緊急連邦決定の「支店禁止令」によって、店舗数の拡大が阻止されたことにともない、その経営を大きく制約されるにいたった。詳細は後述するが、この経験がドゥットヴァイラーの政界進出を後押しした。

ミグロは、1941 年に生活協同組合へと改組し、今日では同じく生協のコープ（Coop）グループと並ぶ、スイス最大の小売事業者に発展している[12]。ミグロに代表される、ドゥットヴァイラーによる一連の経営活動のなかで特筆されるのは、ミグロの生協への転換を機に、自らの事業を「社会的資本」（das Soziale Kapital）と銘打って、本業たる小売業を越えた、社会的活動や文化活動にも精力的に取り組んだことである。具体的には、ミグロの事業高

11　ドゥットヴァイラーの経歴については、主に Häsler, *Das Abenteuer Migros* を参照した。

12　Ebd., S. 39-88（邦訳 39-129 頁）；上野「低価格・高品質の経営経済学」、387-416 頁。

図4-1　G・ドゥットヴァイラー
出典：Alfred A. Häsler, *Das Abenteuer Migros*, Zürich 1985, S. 113.

の1％を文化事業にあてて、映画会社への経営参画、さらには語学学校・成人向け教育機関などの運営に携わった。これらの文化事業は現在も継続されている[13]。

　しかし、ミグロの事業開始当初は、業界団体、州政府、さらには連邦政府との摩擦の連続であった。事業拡大を制限されたドゥットヴァイラーは、政界への進出を試みる。1935年10月、彼は国民院議員選挙に当選し、翌年には政党「無所属全国同盟」(Landesring der Unabhängigen)を結成した。議会では、自らの事業を妨害した業界団体による独占の排除をめざし、「経済的自由主義」の貫徹を主張した。1930年代後半になると、隣国ドイツによる軍事的脅威の高まりのなかで、ドゥットヴァイラーは反ファシズムの立場から論戦を挑んだ。1940年には、連邦大統領のピレ＝ゴラがナチ・ドイツに対する融和姿勢を示したことを厳しく批判した。このことは、開戦後に連邦議会両院が設置していた全権委員会からドゥットヴァイラーが除名される事態を招き、彼はこれに抗議して議員を辞職した。しかし、1943年に連邦議会議員へ返り咲き、1962年に死去するまで務めることになる[14]。

　無所属全国同盟は経済分野のみならず、その他の内政や外交政策をめぐっても、既成の党派とは一線を画した。H・U・ヨスト（Hans Ulrich Jost）によれば、無所属全国同盟の主張は「反官僚主義・自由主義的、近代的・都会的、それに親消費者的なものが独特に混合」したものと評価できるとい

13　社会的資本に関しては、Häsler, *Das Abenteuer Migros*, S. 126-132（邦訳、183-196頁）、文化事業については、S. 235-250（邦訳266-278頁）を参照。
14　選出された州と議院、任期は以下のとおりである。ベルン（国民院、1935-1940年）、チューリヒ（国民院、1943-1949年）、チューリヒ（全邦院、1949-1951年）、ベルン（国民院、1949-1962年）。

う[15]。同党の登場した 1930 年代には、連邦国家建設以来のスイスにおける経済的自由主義の伝統が、根本的に修正を迫られていた。前章でも言及したように、スイスでは経済団体が経済政策を主導的に構想し、連邦政府の政策的関与が比較的少なかったが[16]、経済団体は連邦政府の政策決定の中枢にまで入り込んできたのである[17]。ドゥットヴァイラーと無所属全国同盟の政治姿勢は、このように 1930 年代以降強まる「経済の政治化」へと向かう傾向に、既存政党に与しない立場から反対するものであった。

　本業のミグロが、株式会社から生活協同組合に改組されたことにも表れているように、ドゥットヴァイラーの政治活動は、生産者利害の駆け引きの場であったそれまでのスイス政治に対抗して、消費者利害を登場させる契機になった。無所属全国同盟が左派から右派にわたるいずれの既存政党とも連携することなく、むしろ敵対関係にあったのもこの点から理解できよう。

第 2 節　ホテルプランの事業活動

　前節で述べたとおり、ドゥットヴァイラーがホテルプランを構想したのは、ミグロの事業拡大が阻まれていた時期にあたる。このことからは、彼が先行きの見込めない小売業界から観光業界への転身を図ったとみなすことも可能である[18]。その構想は、1935 年 3 月にドイツ人の R・ネーリング（Rudolf Nehring）がホテル経営者への支援策として発案し、ドゥットヴァイラーに

15　Hans Ulrich Jost, "Bedrohung und Enge（1914-1945）", in: Beatrix Mesmer/Ulrich Im Hof/ Jean-Claude Favez et al.（Hg.）, *Geschichte der Schweiz und der Schweizer*, Basel 1983, S. 787; Mario König, "Politik und Gesellschaft im 20. Jahrhundert: Krisen, Konflikte, Reformen", in: Manfred Hettling et al., *Eine kleine Geschichte der Schweiz: Der Bundesstaat und seine Traditionen*, Frankfurt a. M. 1998, S. 52. これらの研究は、無所属全国同盟の登場が同時期に勢いを増していた極右勢力への国民の支持を減少させたと指摘している。

16　黒澤「アルプスの孤高の小国　スイス」、198-201 頁。

17　チェニ『現代民主政の統治者』、53-57 頁。

18　Gottlieb Duttweiler, *Der Hotel-Plan: Sportgeist in der Wirtschaft*, Zürich 1935, S. 6; Schumacher, *Ferien*, S. 246.

助言したことに端を発する。ドゥットヴァイラーは、本業であるミグロの活動が制限されていたこともあり、精力的にこの新事業の準備を進めた[19]。4月13日には、事業構想をミグロ発行の日刊紙『新聞のなかの新聞』（Zeitung in der Zeitung）紙上で公表した[20]。

　以下では、ホテルプランの構想とその経済政策的意図について、主に1935年4月から5月にかけてのドゥットヴァイラーの講演内容をまとめた著書『ホテルプラン――経済におけるスポーツ精神』（Der Hotel-Plan: Sportgeist in der Wirtschaft）を用いて検討する。

　ドゥットヴァイラーは、観光業界への参入に際しても、消費者の視点を前面に打ち出し、業界団体の論理を批判した。彼の経済秩序観を端的に表現するのが、著書の副題にある「経済におけるスポーツ精神」という標語である[21]。確かに、ホテルプランの事業推進に際しては、ホテル協会をはじめとする観光関連の業界団体との協力関係構築を重要な柱としていたが、あくまでもホテルプランの活動の自由は守られるべきであるという点も強調している。ドゥットヴァイラーは、ホテル協会を念頭に、業界団体が自立を放棄して連邦政府の補助金に頼ることを、「経済のスポーツ精神」にもとる行為であると批判する。ホテルプランは、ミグロの事業拡大を阻んだ、業界団体による経済活動の独占に対する抵抗手段の一つとして構想された。このようなドゥットヴァイラーの団体観は、観光業の再生という問題意識を業界団体と共有しながらも、それとの協力関係を最初から困難なものにしたといえるだろう。

　ドゥットヴァイラーは、ミグロと同様に、ホテルプランを通じて消費者としての新しい観光客を開拓しようとした。すなわち、事業の対象は、国内外の中間層以下に属する人びとであり、高級観光とは一線を画した展開が構想された。彼は、連邦鉄道における一等車と二等車の旅客収入が減少している

19　Häsler, *Das Abenteuer Migros*, S. 80-81（邦訳114-115頁）.

20　Schumacher, *Ferien*, S. 236.

21　Duttweiler, *Hotel-Plan*, S. 55-56.

ことに着目し、スイス各地のホテル稼働率が低迷している原因を旅行者層の変容に見出した[22]。

　　大部分がより富裕な階級と外見上区別できないが、非常に慎重に考慮しなければならない新しい階層が旅行に参加している。ホテル業界を活気づけたいのならば、あまり気前はよくないが、ちゃんとした仕事で金を稼ぐことのあるこの客層に適応しなければならないと考える[23]。

　この言葉に示されるように、ドゥットヴァイラーの構想からは、観光業の復興のためには、富裕層に限定されない幅広い階層を巻き込んだ、観光の大衆化が不可欠であるという認識がうかがえる。「われわれは、本当は危機のなかに生きているのではなく、新しい経済の構造が生まれつつあるのだ」（傍点は原文の強調箇所）という彼の言葉も、この文脈で理解できる[24]。
　富裕層以外を取り込むという発想の背景には、周辺諸国ですでに展開されていた観光事業の存在がある。ドゥットヴァイラーが引き合いに出すのは、イタリアのドーポラヴォーロやドイツの歓喜力行団といった団体の取り組みであった。彼は、これらの事例が中間層や下層に属する外国人をも観光に参加させようと努力していることに注意を促した。さらにイタリアでは、1919年から1933年にかけて、値下げによって外国人観光客が増加した一方で、スイスでは恐慌前の1929年（135万人）と比較して、1934年（60万7千人）には外国人の宿泊数が減少していることを指摘する[25]。
　ドゥットヴァイラーは、ホテルプランの要素を以下の4点にまとめている。①特に閑散期における宿泊施設や交通機関の十分な利用の保証。②それに応じた価格。③観光にかかわるすべての関係者の間での組織的な協力。④

22　Ebd., S. 9-10.
23　Ebd., S. 10-11.
24　Ebd., S. 45.
25　Ebd., S. 11-12.

国内外における効果的な宣伝[26]。値下げという発想は、すでに他国でも実践に移されていたが、①と②にあるように、ホテルプランの構想の特徴は、オフシーズンを活用して新たな集客を試みる点にあった。

　ホテルプラン協同組合は、1935年4月29日に設立され、本部をチューリヒに置いた[27]。規約によれば、その事業目的は、宿泊業など観光関連産業の再活性化、さらには、安価な余暇旅行の実現であり（第2条）、一口20スイスフランの出資を募って、組織を運営することになっていた（第4条）。組合の資本は、この出資に加えて、事業に損失が発生した場合は創業者であるドゥットヴァイラー個人による10万スイスフランの出資によって、資本金に手をつける事態になる前に補填されることになっていた（第7条）。また、出資者には5％を上限として配当が支払われることとされていた（第22条）[28]。

　ホテルプランは、「公益と私益を混ぜ合わせた」協同組合組織であった[29]。「公益」の性格を表す点として、株式会社ではなく、協同組合という組織形態が選択されている。これは、ホテルプランの目的が、観光業の復興を念頭に置いた、業界内での協力関係構築にあったことに由来する。つまり、たとえばミグロ株式会社が「親会社」となって、営利目的でホテルを経営するわけではないことを示している[30]。後者の「私益」の側面については、安定した経営のために、出資者10万人の確保がめざされていた。さらに、ホテルプランへの出資者には配当が支払われることになっていたが、その理由は、「『ホテルプラン』が完全な慈善事業でもなく、純粋に利益を追求するだけの事業でもないから」であるとされた[31]。

　ホテルプランの位置づけを考察するうえで、ここでいう「公益」と「私益」、そのいずれに重点が置かれているのかが問題となる。ドゥットヴァイ

26　Ebd., S. 13.

27　Ebd., S. 238では、4月28日とされているが、ここでは規約に記載の日付にしたがう。

28　Genossenschaft «Hotel-Plan» Zürich, *Statuten*, 1935, S. 1-3.

29　Schweizer, *Krise und Wandel*, S. 172.

30　Duttweiler, *Hotel-Plan*, S. 30.

31　Ebd., S. 29.

ラー自身の言葉は明快である。「私の方法はいつもこうです。すなわち、私
益が公益に優先する」。つまり、ホテルプランが商業的性格の強い事業であ
ることは明らかである[32]。1936 年度のホテルプランの年次報告書も、「観光
は第一に輸出産業であるため、ホテルプランは原則として外国人客の受け入
れに重点を置いたものとすることが、当初から強調されていた」[33] と記して
いる。これは、19-20 世紀転換期以来、スイスの観光業界が抱いていた認識
と重なる。ドゥットヴァイラーにとっての観光業とは、あくまでも「輸出産
業」であった。

　ホテルプランの提供する旅行商品の特徴は、19 世紀前半のトマス・クッ
クによる発明以来、大衆化を推し進めたパックツアーと、個人旅行を組み合
わせた点にある。すなわち、出発地から観光地までの交通機関は、ホテルプ
ランの準備する団体列車を利用するが、観光地では、客が自由に行動できる
ようにした。宿泊先としては、オフシーズンには有名リゾートのホテルに、
ハイシーズンにはあまり有名でないリゾートのホテルに観光客を送り込むこ
ととしていた。宿泊施設については、ホテルプランが既存のホテルと協定を
結ぶことで確保した。

　以上の活動に要する交通費・宿泊費を、ホテルプランは一括料金のツアー
として提供した。観光地では山岳・登山鉄道や劇場、温泉等の共通割引券
（Generalabonnement）を導入することで、ハイキングをはじめ、スポーツや
観劇など、利用者によるさまざまな活動を促進し、観光地全体の活性化をめざ
した。そのキャッチ・フレーズは「すべて込みで前払い」（"Alles inbegriffen,
alles vorbezahlt"）である[34]。割引から生じる制約として、料金の先払いが
求められた。さらに、予約の変更は不可能であり、最低 7 日間の滞在期間が

---

32 Ebd., S. 7.

33 Genossenschaft «Hotel-plan» Zürich, *Geschäftsbericht pro 1936/37*, S. 1.

34 こうした発想がドゥットヴァイラーの創見とはいいきれない。ホテルプラン設立の前年にも、
　　ホテル協会、連邦鉄道、観光事務所による「すべて込み」のツアーが企画されていたが不調に
　　終わっている。*Neue Zürcher Zeitung*, 18. Apr. 1935.

必要であった。対象となる観光客には、外国人とスイス人の両方が想定されている。

　本章の冒頭に紹介したように、ホテルプランの観光事業は、1935年6月にイタリア語圏のルガノへのツアーを皮切りとして開始した。引き続いて、同月中にリギ山やピラトゥス山といった観光地を擁する、中央スイスのフィーアヴァルトシュテッテ湖地域で事業に着手した。さらに7月には、ブリエンツ湖畔のリゾート地、インターラーケンを中心とするベルナーオーバーラント地域、8月にはモントルーを含むジュネーヴ湖畔へと、対象地域を徐々に拡大していった。

　一例として、ホテルプランの手配した特別列車の往復料金（三等車）と通常の運賃を比較してみよう。パリ－バーゼル間では、通常34フランが17.50フランとちょうど半額に、ロンドン－バーゼル間では、通常88フランが39.80フランとなっていた[35]。全体の旅行にかかる料金は、1935年7月時点で、ルガノ7日間ツアーでは、チューリヒ－ルガノ間往復列車の三等車料金込みで、ペンション宿泊の場合に65フラン、ホテルに宿泊した場合でも79.5フランであった。同時期のフィーアヴァルトシュテッテ湖の7日間ツアーでは、チューリヒ－エンゲルベルク・リギ間往復列車三等料金込みで、ペンション宿泊では57フラン、ホテル宿泊では、65-99フランという価格であった[36]。これらのツアー全体の料金と、従来の旅行にかかる料金との単純比較は難しい。ここでは、ドゥットヴァイラーの説明を引いておこう。それによると、ホテルプランによるベルリンからフィーアヴァルトシュテッテ湖への7日間ツアーを利用した場合、本来なら鉄道の往復料金だけで110フランかかるところ、ツアー全体で117フランしかかからないという[37]。

　ドゥットヴァイラーは、事業のなかで宣伝を重視し、本業のミグロで培った手法を援用した。「余暇の消費」が、生活必需品のように、そして「高価

35　*Basler Nachrichten*, 21 Mai 1935.

36　Duttweiler, *Hotel-Plan*, S. 79.

37　Ebd., S. 16.

なスイス」（teure Schweiz）という評判を覆すように、低価格を大きく強調して宣伝されるのである。その際の手段として、旅行代理店や交通機関に頼るだけでなく、新聞、映画、ラジオ、それにミグロの機関紙などのメディアが用いられた[38]。1936年には「ホプラ祭」（Hopla-Fäscht）、さらに「すべて込み」と称するパーティー等を、2度にわたりチューリヒのコンサートホールで開催し、1万2千人の客を集めた[39]。

　ドゥットヴァイラーが、その構想のとおり、観光業界との協力関係を構築できれば、ホテルプランを通じて、19世紀以来のスイス観光像が大きく変革される可能性があった。すなわち、スイスにおける観光の大衆化である。ホテルプランは、繰り返し、広範な層に向けた余暇の普及の必要性を主張し、自らの成果を自賛した。

　1936年に実施されたスイスフランの平価切り下げの影響で、翌37年のスイスにおける宿泊数は1617万泊に増加し、観光業界の状況は大きく改善した。ドゥットヴァイラーの側近で、ホテルプランの命名者でもあったE・F・ガサー（Elsa F. Gasser）は、ホテルプランが平価切り下げ以前の時期から、業界団体主導の「高価なスイス」という風評と闘っていたと強調した。さらに、観光地で山岳鉄道や船を利用できる割引切符の新規導入による宣伝効果を自賛しているあたりに、ホテルプランが「安価なスイス」のもつアピールを強く意識していたことも看取できる[40]。新しい観光像の模索は、第二次世界大戦勃発後に書かれた、1939年度年次報告書の以下の記述からも確認できる。

　　今日、ヨーロッパ——スイスへの観光客の90％以上を送り込んでいる——の状況からすでに結論が導き出されているように、早くも1935年

38　Ebd., S. 23, 35-36.

39　Genossenschaft «Hotel-plan» Zürich, *Geschäftsbericht pro 1936/37*, S. 2.

40　Elsa F. Gasser, "Hotel-Plan", in: Schweizerische Gesellschaft für Statistik und Volkswirtschaft (Hg.), *Handbuch der Schweizerischen Volkswirtschaft*, Bd. 1, Bern 1939, S. 600-601.

86

にホテルプランが確立していたアイデアにしたがって、特に割引や簡略化による旅行の民主化が、将来の方式になるという予想は、それほど大胆なものではない。今後も〔スイスが〕保養地であり続けようとするのなら、この悪化した環境に適応しなければならない。それゆえ、ホテルプランは戦後に大きな課題を担っている[41]。

（傍点は原文の強調箇所、〔 〕内は引用者）

　ここには、第二次世界大戦後の「旅行の民主化」の到来を見越して、自らその担い手になろうとする意志が示されている。同時代の経済学者ゲルデンも、1939 年の著書のなかで、団体旅行を促進したホテルプランが観光業にもたらす変化を予想し、将来的に、観光が大衆化の方向へ展開していくことを展望して次のように述べる。

　ホテルプランは、「集団化」の方向、ないしは著しく安価で大量に往来する方向へ観光が発展していく前兆として評価されるべきである。特に、いくつかの現象は外国でも確認できるからだ（余暇・旅行団体「歓喜力行団」など）。〔中略〕これによって、個人での往来から集団での往来への移行が後押しされたこと、ならびに大勢の人びとの行き来が容易になったということは明白のようだ。特に、ホテルプランが旅行社に同様の営業活動を採用させる確かなきっかけを与えることになるからだ[42]。

（傍点は原文の強調箇所）

　この指摘にみられるように、ゲルデンは、ホテルプランの存在がスイスにおける観光の大衆化の契機になっていることを評価していた。

41　Genossenschaft «Hotel-plan» Zürich, *Geschäftsbericht, 1. November 1939 bis 31. Oktober 1940*, S. 4.

42　Gölden, *Strukturwandlungen des schweizerischen Fremdenverkehrs*, S. 198; 本書は、ゲルデンの博士論文であり、過去 45 年間のスイス観光業の状況を分析している。

表4-1　ホテルプランによる手配旅行の利用者数（単位：人）

年度	スイス人	外国人	合計
1935	34,659	17,989	52,648
1936	32,252	29,691	61,943
1937	25,762	47,969	73,731

出典：Genossenschaft «Hotel-Plan» Zürich, *Geschäftsbericht pro 1937/38*, S. 2 より作成。

　しかし、ドゥットヴァイラーとホテルプランの事業が大衆化を主導することは、本当に可能であったのか。この点を次節で検討する。

第 3 節　ホテルプランと観光業界——「安価なスイス」をめぐって

（1）ホテルプランの経営状況

　ホテルプランは、1938 年 3 月末時点で、6041 人の組合員と一口 20 フランにして 1 万 1557 口の出資を得ている。設立当初 2 年間で 35 万フランの赤字を計上し、3 年目に均衡（1030 万フランの売り上げに対し、4 万 3634 フランの利益と 5 ％の配当）を得た。ガサーは、1935 年度から 1937 年度にかけてのスイスの全観光客数に占めるホテルプラン利用者の割合については、平均でおよそ 9-10 ％、外国人客については、12-13 ％になると推測している[43]。

　しかし、ゲルデンの研究では、ホテルプランの事業を非現実的なものとして批判的に分析している。具体的には、割引分の客数増大や顧客の新規開拓の困難さ、さらにオフシーズンへの事業の偏りを経営上のリスクとして指摘した。また、さまざまな客層を同じ水準のホテルで同等に扱うことは無理であると批判した。ゲルデンは、先にホテルプラン側が公表した出資の規模について、当初目標の 20 万口に遠く及ばない数字であること、さらに、資本金が当初計画の 400 万スイスフランに対し、24 万 3 千スイスフランしかない点も指摘した。そのうえで、初年度の経営状態を分析し、客室稼働率がドゥットヴァイラーの目標である数値 85 ％に達するには、利用客を非現実

43　Gasser, "Hotel-Plan", S. 600.

的なレベルまで増やさなくては無理であると結論づける。スイスにおける宿泊数は、ホテルプラン設立期（1935-36年）でも、回復するどころか減少していた。ゲルデンが1936年時点でホテルプランを利用した宿泊数から、スイス観光全体における割合を試算した結果、全体の4.7％にすぎなかった。現実には、ホテルプランが観光業の再生に貢献した程度は、微々たるものであった[44]。

　他方で、ホテルプランの経営当事者であるガサーは、「ホテルプランの経済的成果については、支持者と敵対勢力の間で見解がはっきりと分かれる」と述べる。彼女は、ホテルプランの経営が苦しいことを認めたうえで、その原因をホテルプラン自体ではなく、経営をとりまく外部の環境に求めた。具体的には、ホテルプランへの公的援助が期待とかけはなれていた点と、シーズン前後の客数減少期の時期に対応した、シーズン前割引運賃の問題で、鉄道や地域の交通機関の側に協力の姿勢がみられなかったことにも苦しい経営状況をもたらした原因があると主張する[45]。

　ガサーは、ホテルプランの経営状態が必ずしも良好でないことを認識しつつも、利用客や観光地側の満足度の高さをアンケートから引用している。ガサーによると、たとえば、1935年と37年のアンケートでは、約8500人の利用者の3分の2（うち外国人が4分の3）がホテルプランの旅行商品がなければスイスのホテルを訪れることはなかったと回答している。さらに、スイス北東部にあるアペンツェル観光協会の1938年度の報告書が、ホテルプランは長期にわたり宣伝されてこなかった保養地に、並外れた観光客数の上昇をもたらしたと明確に認めている。これらの事例をもって、ホテルプランに加入する約800軒（1938年時点）のホテルと交通機関にとっては、収益性の点で意味があったと述べ、そうでなければ、加盟ホテルが自由意思でホテルプランという新しいシステムにとどまっていることを説明できないと強

44　Gölden, *Strukturwandlungen des schweizerischen Fremdenverkehrs*, S. 186-199.
45　Gasser, "Hotel-Plan", S. 600.

調している[46]。

　ドゥットヴァイラーが当初の構想で表明したように、ホテルプランの事業の前提は、観光業界との「協力」にあったはずである。ガサーが述べたように、協力の欠如が事業不振の原因であったとすれば、なぜ協力関係が構築できなかったのかを問わねばならない。

(2)「安価なスイス」をめぐる業界団体との確執

　事業展開の過程で、ホテルプランは観光業界との間に、その手法をめぐって激しい摩擦を引き起こした。ドゥットヴァイラーと業界団体、それに連邦政府を巻き込んだ対立は、小売業（ミグロ）から観光業（ホテルプラン）へと舞台を変えて再演されたのである。

　確かにドゥットヴァイラーは、ホテルプランの事業が観光業界の各部門との協力があってはじめて成り立つ事業だと考えて、業界への働きかけを進めている。ホテルプラン設立直後の1935年5月には、ホテル協会の代表者会議に出席し、その計画を提示した。しかし、構想発表の当初から、ホテルプランに対する観光業界の反応は冷淡であった[47]。特にホテル協会は、価格を引き下げることで広範な層の顧客を引き付け、ホテル宿泊者数を増加させようというホテルプランの計画に対して、明確に疑念を表明した[48]。

　ホテル協会は、ドゥットヴァイラーの意図について、値下げを通じてスイスを「安価な保養地」に転換し、利用客に占めるスイス人の割合を増やそうとするものであると理解していた[49]。5月時点で、ホテル協会はホテルプランへの協力を拒否し、さらにスイス中小事業連盟の反対もあって交渉は難航した。ホテルプランは、宿泊価格に関してホテル協会の同意を得ないまま事

46　Ebd., S. 601.
47　ホテルプランと業界団体との交渉の概略については、Häsler, *Das Abenteuer Migros*, S. 81-82（邦訳115-116頁）を参照。
48　*Schweizer Hotel Revue*（以下、*SHR*）, 25. Apr. 1935.
49　*SHR*, 9. Mai 1935.

業を開始した。その際に、高級ホテルの意向を反映するホテル協会とかかわりのない、中小規模のホテル経営者を個別に取り込んでいったのである。本章の冒頭で紹介した混乱も、こうした文脈のなかで生じたものである。

　ただし、ドゥットヴァイラーはこの時点でホテル協会との協力関係構築をあきらめたわけではなかった。彼は、連邦政府へも働きかけを行い、連邦商工労働局の仲介を得ることできた。それにより、6月はじめには、ホテルプランとホテル協会との間での協力について最終的な合意がなされた。7月4日には、宿泊価格の引き下げや外国での代理店設置といった問題で譲歩したホテルプランと、ホテル協会との間で「紳士協定」が結ばれた。その内容は以下のようなものであった[50]。

(a) ドゥットヴァイラーは、国内旅行向けにホテルプランの事業を展開する。ドゥットヴァイラーが、事業開始当初からホテルプランに参加していたホテルをさす、「保証付きホテル」(Garantiehäuser) ではないホテルと新たに契約を結ぶ際にはホテル協会が定める最低価格を考慮する。

(b) ホテルプランは、外国に代理店を設置せず、外国での事業は安価な特別列車を手配するという、連絡交通のサービスに限定する。さらにその特別列車は、ホテルプランに限らず、関係諸国のすべての旅行代理店が利用できるものとする。たとえ、そうした旅行代理店が、この特別列車を利用したとしても、ホテルプランによるそれ以外のサービスを利用するかどうかは、それぞれの旅行代理店が決めることであり、滞在地やホテルの選択は、自由に行うことができる。

(c) ホテルプランが取り決めた、「保証付きホテル」向けの価格規定は

50　Zirkular des Schweizer Hotelier Verein Zentralbureau an die Sektionen und Mitglieder des Schweizer Hotelier-Vereins vom 8. Juli 1935, in: SBA: E8100 (B) 1972/28, 728 Hotel-Plan 1935-1946; *SHR*, 11. Jul. 1935.

維持する。〔中略〕ドゥットヴァイラーは、連邦商工労働局とホテル協会に、「保証付きホテル」として認められたホテルのリストを送り届ける。ドゥットヴァイラーは、こうしたホテルの8月の業績が、各界のメンバーから構成される調査委員会によって審査されることに同意した。

（d）ドゥットヴァイラーが、ホテルプランの活動領域に、観光地や交通の範囲を拡大しようとする場合、事前にホテル協会と連絡をとるようにする。

（e）ホテル協会とドゥットヴァイラーは、ホテル業や旅行にかかるあらゆる費用を引き下げるため、ともに努力する。

　この協定は、ホテルプランの事業を制約するものであると同時に、宿泊価格について、ホテル協会にもある程度の譲歩を認めさせたものといえるだろう。しかし、この協定は宿泊業界に限定された合意であり、観光業界からはさらなる反発が生じてくる。

　ホテル協会との紳士協定締結直後の1935年7月12日、スイスの観光業界関係者は、イギリス、ドイツ、フランスの旅行代理店の代表者を招いて、ホテルプランに関する協議を開いた。この場にドゥットヴァイラーは招かれておらず、外国の旅行会社の代表らは、ホテルプランの事業への懸念を率直に表明した[51]。

　イギリスのトマス・クック＆サンの取締役であるハスキッソン（Huskisson）は、自社で実施していたスイスへの特別列車プログラムよりも安い、ホテルプランの価格設定を問題視して、「ドゥットヴァイラー氏は、割引価格で利益が達成できる可能性をわれわれに示さなければならない」と述べた。あわせて、ドゥットヴァイラーがトマス・クック側と接触した際に、宣伝を軽視

51　Protokoll der Besprechung der Vertreter der ausländischen Reisebüros mit den schweizerischen Verkehrsinteressen vom 12. Juli 1935, in: SBA : E8100（B）1972/28, 728 Hotel-Plan; *SHR*, 18. Jul. 1935.

する姿勢を示しながら、実際には大々的に宣伝を行っている点も批判した。同じくイギリスの工芸学校ツーリング協会（Polytechnic Touring Association）のスイス担当部長ベイリ（Bailey）も、「ホテルプランは、ホテルにかなりの打撃を与える」と手厳しい反応を示した。また、ドイツの中欧旅行社のブーフホルツ（Buchholz）は、ホテルプランとホテル協会の紳士協定に関心を示し、ドゥットヴァイラーによるホテル価格の割引は旅行会社にも適用されるのか、と質問した。

こうした旅行会社の懸念に対し、スイス側の業界関係者は、一様に不安の解消に腐心した。スイス観光事務所長のビッテル（Siegfried Bittel）は、諸外国の1500に及ぶ旅行代理店との密接な関係に配慮する発言をしている。観光事務所は、仮にドゥットヴァイラーを支援する場合でも、ホテルの価格引き下げを強制することはない、国際関係を損ねないことが前提だと述べた。彼は、パックツアーの導入には賛意を示しつつ、旅行代理店との協力が不可欠であるとして、地域や日数が限定されるホテルプランよりも、自由度の高いツアーの導入を推奨した。「ドゥットヴァイラー氏は一匹狼」だが、観光事務所は、観光宣伝の集約化に注力し、外国の諸団体の協力に努める姿勢であることを示した。観光事務所は、ホテルプランの宣伝が原因となって、外国の旅行会社がスイスでの観光事業から離反することを恐れたのである。ホテル協会の代表も、紳士協定によってホテルプランの事業は制限されているとして、外国の旅行会社の冷静な対応を求めた。

この協議では、ホテルプランの地域共通割引チケットも俎上に上り、スイス全体で有効な割引チケットの導入が議論されている。ホテルプランに限定されず、外国の旅行会社が参画できるようなチケットの導入がビッテルによって提案され、スイスの鉄道会社の代表も前向きな姿勢を示している。

以上の協議からも理解できるように、外国の旅行代理店は、総じてホテルプランに批判的であった。こうした反応を目の当たりにして、スイスの観光関係者は、外国の旅行代理店がスイスから撤退することを恐れたのである。

その後、ホテルプランと観光業界との関係は、修復不可能なほどに悪化し

ていくことになる。早くも1935年8月にはホテル協会が、ホテルプランに
よる、特に価格の問題をめぐっての「紳士協定」違反を批判した[52]。9月17
日には、観光連盟がホテルプランの事業に対して、「ホテル破産プラン」
（Hotel Ruin-Plan）と揶揄を含めた表現で明確に反対を表明し、さらには
ドゥットヴァイラーの宣伝手法を関係者への誹謗中傷とみなし、強い調子で
非難した[53]。結局ホテル協会は、ホテルプランによる宿泊価格引き下げに対
抗して、協会が定める価格基準の存続を決めたのである。

　観光連盟は、ホテルプランの発足当初には観光業の活性化をめざす動きと
して歓迎していたのだが、最終的に協力を拒否した。その理由として、次の
3点を挙げている。

　（1）観光客増加とコスト削減のいずれもともなわない、スイス観光業
　　　全体への価格強制
　（2）ホテルプランの宣伝によるスイス観光への中傷
　（3）ホテルプランの目的であるホテルの空室解消が達成されなかった
　　　こと[54]

　以上のように、観光業界との交渉が決裂した結果、独自の事業展開を強い
られたホテルプランには、いっそう厳しい批判が浴びせられた。特にその対
象となったのは、ホテルプランの経営実態や、新聞広告を大々的に活用する
という宣伝の手法であった。

　こうした宣伝手法に対する批判のなかでも、ホテルプランがスローガンと
して掲げていた「安価なスイス」に対する攻撃に注目したい。そこからは、
当時のスイスにおける観光の大衆化に対する批判的見解を看取できるからで
ある。一例として、『バーゼル報知』の記事（1936年4月3日）は、ホテル

52　*SHR*, 22. Aug. 1935.

53　*SHR*, 19. Sep. 1935.

54　Schweizerischer Fremdenverkehrsverband, *Tätigkeitsbericht über das Jahr 1935*, S. 29-30.

プランの提供する旅が、「物質的」で「機械的」なものであると揶揄し、以下のように皮肉交じりに論評している。

> 「安価なスイス」とはまずいスローガンだ。「お買い得なスイス」のほうがよい。ホテルプランはスイスを「安く」するために張り切っている。ホテルプランは、スイスを外へ売りだし、純粋に物質的で機械的な旅の概念を吹き込まれた人間によって、スイスを吸い尽くそうとしている。ホプラの方策は、スイスが客を受け入れる国であり、この国の美しさを、お得に享受してもらった結果として、100％満足して故郷へ帰ってもらおうという考えに発したものではなく、大勢で殺到し、大急ぎで回って、利用し、楽しもうというものだ。鉄道、船、ホテル、カジノ、映画館、ダンス、水浴場を十分楽しもうというのだ。朝早くから夜遅くまで、得をしようということ、これがホプラの人間のスローガンなのだ。これが客に与える精神的な負担はいかばかりだろうか！ ホテルプランは、現代の空疎な思想の象徴であり、われわれの精神的危機を和らげるどころか一段と高める手段なのである[55]。（傍点は原文の強調箇所）

　ホテルプランは、客に安らぎを与えるのではなく、さまざまな観光施設を短時間で訪れる旅行商品を提供することで、精神的に悪影響を与える。第一次世界大戦前に確立した、自然豊かな保養地への滞在こそ理想の観光であると主張する者たちは、こうした論理を用いて、ホテルプランが観光地スイスのイメージを低下させるとして、危機感を煽ったのである。

　1937年にも、ホテル協会との間で再度の論争が生じた。それ以降、ホテルプランは政治的問題への言及を控え、観光政策および経済政策への提言は影を潜めていく。事業内容も個人旅行を中心に特化していくことになった[56]。

55　*Basler Nachrichten*, 3. Apr. 1936.

56　Schumacher, "«Genuss in Überfluss»", S. 131-134.

　一連の「安価なスイス」をめぐる議論では、ホテルプランの事業内容に対する業界の個別事情に由来した反発と同時に、経済団体の役割をめぐる対立も無視できない。ホテルプランは、こうした団体の論理と折り合うことができず、事業の前提となる協力体制の構築に失敗したのである。

まとめ

　結果的に、ドゥットヴァイラーの観光事業は、危機的状況下にあるスイス観光業の復興に貢献し、同時に広範な客層への旅行と余暇の普及をめざすという、所期の目的を達成することができなかった。しかし、ホテルプランの事業活動を再検討することで、1930 年代のスイス観光業が置かれていた状況について、業界の外側から照射することができた。観光業界が「安価なスイス」へのヒステリックともいえる拒否反応を示したことは、毀誉褒貶相半ばする企業家ドゥットヴァイラーの個性のみでは説明できない。それは、観光業界の側が抱いている、あるべきスイス観光像を浮き彫りにするものであった。

　ホテルプランが、スイス観光業の復興を第一の目的に置いて、外国人観光客を主たる対象にしていたことを考慮すれば、スイス人を対象とした社会事業としてホテルプランを位置づける、すなわちソーシャル・ツーリズムの系譜に連ねることには、なおも慎重な検討を要する。むしろ、「安価なスイス」をめぐる論争に象徴されるように、ホテルプランの意義は、観光業の大衆化を積極的に主張した点にあった。

　ホテルプランの登場は、スイス観光のあり方に一石を投じた。そこで交わされた議論は、19 世紀以来維持されてきた観光業のモデルを相対化し、観光業のもつ経済的重要性と同時に、その社会的意義が考慮されていく視野を、のちの時代に向けて開いた。ホテルプランの試みは、この点において重要な意味をもつのである。次章では、ホテルプランとの議論を経験した観光業界が、大衆化の問題にどのように向き合ったのかという点を検討する。

第5章 「スイス的」な旅行団体の誕生
——スイス旅行公庫協同組合と観光業界

　本章の目的は、観光連盟をはじめとするスイスの観光業界が、観光の大衆化に対して、いかなる対策を採用したのかについて明らかにすることである。その際に、1939年6月に設立された旅行団体「スイス旅行公庫協同組合」（Die Genossenschaft Schweizer Reisekasse, 以下「Reka」）の設立過程を中心に再検討する。前章でみたように、観光業界は、ホテルプランとの協力を拒絶した。しかし、そのことは、観光業界が大衆化を無視していたことを意味するわけではない。Rekaの設立は、観光業界の大衆化に対する積極的対応であり、1930年代に行われた一連の改革の帰結であった。その意味で、Rekaは観光の近代から現代への移行を示す重要な一事例なのである。

　観光研究において、Rekaは「ソーシャル・ツーリズム」の嚆矢と評価されている。前章の繰り返しになるが、ソーシャル・ツーリズムとは、主に資金面などでの制約があり、容易に観光旅行へ参加できない人びとに行われる社会的支援を意味する。日本には、第二次世界大戦後のフランスをはじめとする西欧・北欧諸国の事例が紹介されている。その事業では、国や地方公共団体、労働組合などの公的諸団体が支援の担い手となり、割引切符の販売や休暇村の建設といった事業を通じて、旅行の社会的普及が図られてきた[1]。

　それに対し日本では、1950年代から60年代にかけての一時期を除き、ソーシャル・ツーリズムに対する社会的関心は低く、観光業界でもいまだになじみの薄い言葉であるが、国民宿舎や国民休暇村、それにユースホステルの整備などが、施策の実行例として知られている。安村克己は、こうした日

---

[1]　戦後フランスの事例については、成沢「フランス社会とソーシャル・ツーリズム」を参照。

本の諸施策がヨーロッパのソーシャル・ツーリズムを参考として採用されて
きたものの、必ずしもその理念を反映したものとはいえず、観光振興に十分
な成果を上げることができなかったと主張する。その原因は、日本の福利厚
生制度が企業を中心に整備されたために、行政による社会政策との連携が失
敗したためである。同時に安村は、第二次世界大戦後の高度経済成長にとも
なって実現した「無階級社会」という日本の社会構造が、ソーシャル・ツー
リズムが根付かなかった要因であったと結論している[2]。

それでは、西ヨーロッパ諸国でソーシャル・ツーリズムが普及した背景
は、どのように理解するべきだろうか。この点について安村は、ヨーロッパ
の階級的社会構造にみられるノブレス・オブリージュの価値意識を背景とし
て指摘し、ソーシャル・ツーリズムの起源を「上からの恩恵」として、社会
階層の上層が下層へ向けて与えたものとして理解している[3]。しかしながら、
この点についてはさらなる歴史的考察が必要であろう。なぜなら、西ヨー
ロッパ諸国のなかでも、国によってソーシャル・ツーリズムのありようは大
きく異なっているからである。たとえば、人民戦線期のフランスでは、労働
組合や左派政党が積極的な役割を果たしており、必ずしも「上からの恩恵」
という視角のみから理解することはできない[4]。歴史研究に求められるのは、
安村が日本社会とのかかわりで考察したように、ソーシャル・ツーリズムの
普及と個々の国の社会状況がどのように結びついていたのかを検討すること
である。

あわせて、戦前と戦後の連続性にも留意する必要があると思われる。上記
のとおり、ソーシャル・ツーリズムの事例としては主に戦後の西欧・北欧諸
国が取り上げられてきた。その多くは、先述の人民戦線期フランスの例を挙
げるまでもなく、戦間期から戦時中にかけての時期に起源をもつものであ
り、同時代のナチ・ドイツやファシスト・イタリアの余暇・観光事業からも

2　安村克己『社会学で読み解く観光──新時代をつくる社会現象』学文社、2001 年、139-143 頁。

3　同、143 頁。

4　渡辺『フランス人民戦線』、第6章。

一定の影響を受けていることは否定できない。この意味で、現在でもソーシャル・ツーリズムの代表例とされる Reka が、ドイツの隣国スイスで、第二次世界大戦開戦直前に設立されていることは注目に値しよう。

　本章では、Reka に焦点をあてることで、スイスの歴史的文脈のなかでソーシャル・ツーリズム形成の意義を考察したい。その際に、観光業界による大衆化への対応の一環という視点からReka設立の歴史的意義を指摘する。

　Reka は、労働者層や中間層への旅行と休暇の普及を念頭に置き、「旅行切手」や交通機関との提携を通じた割引制度の構築と、パックツアーの提供を主たる事業としてスタートした。さらに戦後には、スイス各地に休暇村を建設するなど、現在にいたるまで事業規模を拡大し続けてきた。この点では、同じく戦後にソーシャル・ツーリズムが活性化したフランスや西ドイツをはじめとする諸国とは、著しい対象をなしている。これらの国々では、1960年代以降の商業ツーリズムの隆盛に押されて、ソーシャル・ツーリズム団体が苦境に立たされたからである[5]。この点に注目して Reka を歴史的に位置づけた研究は少ない。

　日本では、塩田正志が Reka の概要を紹介している。塩田は Reka を「世界最初のソーシャル・ツーリズム団体」と評価し、団体の設立過程、事業内容、それに創立者について言及している[6]。しかし、その記述には時代状況の無理解に由来する事実誤認が少なくない[7]。

　スイスをはじめとするドイツ語圏の研究状況に目を転じても、Reka が歴

5　成沢「フランス社会とソーシャル・ツーリズム」、Hachtmann, *Tourismus-Geschichte*, S. 158-159.

6　塩田正志「スイスのバカンスとスイス旅行公庫の現状」『月刊ホテル旅館』第 13 巻第 5 号（1976 年 5 月）、103-106 頁、同「ヨーロッパにおけるソーシャル・ツーリズムの現状（I）――スイス旅行公庫」『月刊観光』第 172 号（1981 年 1 月）、40-41 頁、同「観光の歴史」塩田正志・長谷政弘編『観光学』同文舘出版、1994 年、25-27 頁、同「REKA（スイス旅行公庫協同組合）」長谷政弘編『観光学辞典』同文舘出版、1997 年、40 頁、同『観光学研究 I』（第 5 版）学術選書、1998 年、29-37 頁。

7　たとえば、設立過程の時系列や、事業内容、それに関係した人物の立場に関して、事実関係の把握に誤りがある。さらに、一連の記述に典拠が挙げられていないことも問題である。

史研究の対象として論じられることは少ない。たとえば、R・ハハトマン（Rüdiger Hachtmann）による観光史の概説は、スイスのソーシャル・ツーリズムについて述べる際に、Reka には言及しておらず、前章で論じたホテルプランの事例だけを挙げている。観光史の研究でも Reka の歴史的意義は明確にされてこなかったのである[8]。

　他方で、Reka に所属する当事者である H・トイシャー（Hans Teuscher）と R・クレプス（Ralph Krebs）は、設立の 50 年後にその歴史を振り返るなかで、Reka の特徴を以下のように述べている。

　　社会政策的な余暇旅行促進のための組織は、第一に社会的に差別のない考え方を根本に置いている。権利の平等という意味での、国民の健康、成人教育、社会的公平という目標がこうした組織の活動の特徴である。観光や運輸の振興といった経済的配慮は二次的なものである。〔中略〕当初より、この組織〔Reka〕が国や特定の利害関係をもつグループに偏って依存するのではなく、中立的にその社会政策的な課題を遂行できるよう注意が払われていた[9]。　　　　　　　　　　　　〔 〕内は引用者）

　彼らの執筆した Reka 設立 50 周年記念誌（1989 年）でも、この点が特に強調されており、構想の歴史的背景として、1930 年代後半のスイスで生じた労使関係の融和、とりわけそれを象徴する事件である金属・時計産業部門の労使間での「労使間平和協定」の締結（1937 年）が挙げられている[10]。

　従来のスイス史研究ではこの労使間平和協定が、「ソーシャル・パート

8　Hachtmann, *Tourismus-Geschichte*, S. 158.

9　ハンス・トイシャー、ラルフ・クレプス（青木真美訳）「スイス旅行公庫（REKA）——社会政策的な余暇旅行促進のための機関」『運輸と経済』第 49 巻第 6 号（1989 年 6 月）、68 頁。

10　Ralph Krebs/Hans Teuscher, *50 Jahre Reka 1939-1989*, Bern 1989, S. 13-17; Reka 設立 25 周年記念誌としては、以下のものがある。Schweizer Reisekasse (Hg.), *Aus der Praxis des Sozialtourismus: Festschrift zum fünfundzwanzigjährigen Bestehen der Schweizer Reisekasse*, Bern 1965.

ナーシップ」(Sozialpartnerschaft) と呼ばれるスイスの社会協調体制の起点として重要視されてきた[11]。Reka はこうした労使間の融和ムードのなかで、観光業界のみならず経済界と労働組合も協力して誕生した団体であったため、当事者からは社会的に差別のない考え方を基盤とした団体と意義づけられている[12]。また、戦間期のスイス観光業の危機と変化について論じたシュヴァイツァーの研究のなかでも、Reka は労使協調の時代の産物として理解されている[13]。

　しかし、近年では、議論の前提となるソーシャル・パートナーシップの存在を相対化する傾向が有力である。B・デーゲン(Bernard Degen) は、ソーシャル・パートナーシップ自体が実態を踏まえない「神話」であり、その起源とされる労使間平和協定も、締結直後においてすらストライキの減少に貢献していなかったとして、その歴史的意義の相対化を提起している。そして、この平和協定は、決して当事者同士の「誠実と信頼」のもとに成立したものではなく、むしろ当時の世界市場における競争力の確保を考慮した労使双方の思惑の産物だったとされる[14]。

　こうした実情を踏まえたデーゲンの視点は、Reka の歴史的再評価にもつながるものである。本章では、Reka をソーシャル・パートナーシップの「神話」からいったん解放し、観光業界による大衆化への対応策という文脈で検討したい。この点に関して、シューマッハは、1930 年代から 40 年代にかけてのスイス観光業に起こった変化に着目し、その一例として Reka を取

11　Bernard Degen, "Arbeitsfrieden", in: Die Stiftung Historisches Lexikon der Schweiz (Hg.), *Historisches Lexikon der Schweiz*, Bd. 1., Basel 2002 (以下、Degen, "Arbeitsfrieden"), S. 455-456; Id., Sozialpartnerschaft", in: Die Stiftung Historisches Lexikon der Schweiz (Hg.), *Historisches Lexikon der Schweiz*, Bd. 11, Basel 2012, S. 662.

12　トイシャー、クレプス「スイス旅行公庫(REKA)」、68 頁。

13　Schweizer, *Krise und Wandel*, S. 167-168.

14　Bernard Degen, "Der Arbeitsfrieden zwischen Mythos und Realität", in: Bernard Degen et al., *Arbeitsfrieden. Realität eines Mythos: Gewerkschaftspolitik und Kampf um Arbeit-Geschichte, Krise, Perspektiven*, Zürich 1987, S. 11-30; Id., "Arbeitsfrieden", S. 455-456; Id., "Sozialpartnerschaft", S. 662.

り上げている。Reka の登場は、従来富裕層の観光客を対象とする観光業界
が「すべての人のための余暇」の普及にかじを切ったという点で大きな意義
があるとする。さらに、第二次世界大戦の文脈で、観光業界の観光に対する
理解が変容していくことに注目している。本章でも、シューマッハと多くの
点で関心を共有しているが、彼女の研究の目的は、文化史的手法を用いて余
暇解釈と実践の変遷を解明することにあり、観光史の文脈で Reka を取り上
げる本章とは視点が異なる。

　以上の先行研究を踏まえつつ、本章では Reka の設立にいたる過程をたどり、
それを主導した観光業界の論理を明らかにする。まず第 1 節では、観光が社
会問題の解決策として注目される過程を検討する。そのうえで、エーレン
シュペルガーや W・フンツィカー（Walter Hunziker）をはじめとする、観
光連盟関係者が Reka を構想するにいたった背景を明らかにする。第 2 節で
は、エーレンシュペルガーの問題意識を検討し、第 3 節で Reka 設立にいた
る観光業界の意図を考察したい。

第 1 節　社会事業としての観光
──ドゥットヴァイラーの余暇普及策と観光業界

　すでに序章で言及したように、戦間期の西ヨーロッパ諸国では、余暇と観
光の普及をめぐって、さまざまな取り組みが実践されていた。代表的な事例
として、ファシズムやナチズムによる余暇の組織化が挙げられる。ファシズ
ム体制下のイタリアでは、1925 年にドーポラヴォーロが組織され、1930 年
代以降、気晴らしのための余暇を積極的に提供し、大衆の支持獲得をめざす
ようになった[15]。ナチ・ドイツは、この団体を参考にして、1933 年にドイ
ツ労働戦線の傘下に歓喜力行団を組織し、その一環として労働者への休暇旅
行を提供することで、「階級差なき社会」の実現を喧伝していた[16]。

15　デ・グラツィア『柔らかいファシズム』、1-40 頁、井上「余暇の組織化の政治学」、37-45 頁。
16　井上「ナチス・ドイツの民衆統轄」、196-207 頁。

フランスでは、1936年に当時の人民戦線政府のもとで有給休暇法が制定され、翌年には労働者層への観光旅行の普及をめざした民衆ツーリズム団体、「万人のための観光・ヴァカンス」がフランス労働総同盟によって設立されるなど、主に左派による観光旅行の普及が進められた。この旅行団体は、参加者の少なさから1939年11月には消滅することになるが、戦後のソーシャル・ツーリズムにつながる動きとして注目される[17]。こうした諸国では、国家や政党が労働者層の体制への取り込みを進めるために、余暇の普及のみならず、余暇の発生にともなって生まれる観光への需要に応えようとしたのである。

第一次世界大戦後のスイスでも、同時代の西ヨーロッパ諸国と同様に、労働者の休暇の拡大が社会的な課題として浮上しつつあった。しかし、連邦政府による行政的支援は緩慢として進まず、休暇の拡大は、主に地方自治体や企業の自主的な取り組みによって実現された。労働時間についてみれば、1919年に改正された工場法によって週48時間労働が実現していた。1930年代に入ると、州レベルでの休暇法の制定が進むなど、休暇の問題についても進展がみられた。さらに、多くの企業では、経営側が自主的に、あるいは労働組合の要求のもとで、独自に有給休暇を認めていた。第6章で後述するように、スイス観光連盟で観光の学術的研究を推進し、のちに観光研究の第一人者となったフンツィカーとK・クラップ（Kurt Krapf）によれば、こうした諸施策によって、1937年時点で、全労働者の少なくとも3分の2が休暇を得ることができたとされている[18]。

しかし、休暇の拡大が観光の社会的普及に直結するわけではない。その前提として、人びとの収入状態の改善が不可欠だからである。フンツィカーと

17　平松「フランス人民戦線期、CGTが模索した民衆ツーリズムについての一考察」、94-108頁、渡辺『フランス人民戦線』、291-309頁。

18　Walter Hunziker/Kurt Krapf, *Grundriss der Allgemeinen Fremdenverkehrslehre (Schriftenreihe des Seminars für Fremdenverkehr an der Handels-Hochschule St. Gallen / hrsg. von W. Hunziker: Nr. 1)*, Zürich 1942, S. 214-215.

クラップは、1937 年における、観光旅行に最低限必要となる年間収入を
4000 スイスフランと算出した。当時の自営業者や職員層[19] の平均的な年間
収入は 4100 から 4400 スイスフランであった。一方、労働者層の年間収入
は、2500 から 2800 スイスフランにとどまっていた。こうしたことからフン
ツィカーとクラップは、両大戦間期には自営業者や職員層を中心とする中間
層が観光の大衆化の主な担い手となっており、労働者層への観光の拡大が課
題であると認識していた[20]。

　こうした認識は、観光業界の外側でも共有されていた。前章で検討した、
ドゥットヴァイラーのホテルプランは、大衆化を促進するという観点から、
より広範な社会層への余暇旅行の普及に熱心であった。前章でも指摘したよ
うに、こうした発想は、イタリアやドイツの、ファシズムやナチズムによる
観光事業から示唆されたものであった。そのことを示すのが、1935 年にホ
テルプランを構想した際のドゥットヴァイラーによる以下の発言である。

　〔外国を模範にすべきと主張するつもりはないが〕たとえば、イタリア
　の「ドーポラヴォーロ」やドイツの「歓喜力行団」の運動が大きな衝撃
　を与えていることは知っている。加えて、これらの国々では、他の諸国
　と同様に、中間層や下層の外国人を客として獲得するための努力も重ね
　られている。一方、イタリアやドイツはスイスよりもはるかに条件が悪
　いので、ホテル業が必ずしもスイスより恵まれているとはいえないこと
　は、ふれておかなければならない。しかし、こうしたあらゆる努力がな

19　スイスにおいて「職員」（Angestellte）とは、19 世紀末から一般的に使用されるようになっ
　　た概念である。「労働者」（Arbeiter）と合わせて、被雇用者（Arbeitnehmer）を構成する。職
　　員は、月給制の給与、休暇の保証、病気や事故時の給与支払い、相対的に長い解約告知期間な
　　どといった点で、労働者よりも優遇された。同様の概念が存在するドイツよりも両者の区分は、
　　緩やかであるとはいえ、社会政策や職業団体は、現在までこの区分にもとづいている。Vgl.
　　Mario König, "Angestellte", in: Die Stiftung Historisches Lexikon der Schweiz (Hg.),
　　Historisches Lexikon der Schweiz, Bd. 1, Basel 2002, S. 342-345.
20　Hunziker/Krapf, *Grundriss der Allgemeinen Fremdenverkehrslehre*, S. 215-219.

されなかったならば、もっとひどくなっていたことは確かであろう[21]。

(〔 〕内は引用者)

　ドゥットヴァイラーは、独伊両国の政治体制を積極的に評価していたわけではない。特にナチズムに対しては、ナチ政権にベルリンでのミグロの事業展開を妨害された経験があることから、後年の政治活動のなかでも厳しく批判している[22]。そのことを踏まえたうえでも、観光業の復興という観点からは、ファシズムやナチズムの方策をも参考にしようとしていたことがうかがえる。

　さらにドゥットヴァイラーは、ホテルプランの事業を通じて観光の大衆化を積極的に促進することで、不振にあえぐ観光業の活性化を試みただけでなく、スイス国民全体の余暇普及という問題にも着目し、とりわけ労働者層への旅行普及策を構想した。国民院議員として無所属全国同盟を率いたドゥットヴァイラーは、労働者層と職員層への有給休暇の義務化を同党の基本社会政策に盛り込んでいる。それが実現した場合に喚起されることになる余暇の需要を見越して提案されたのが、国内観光消費の刺激策であった[23]。

　そのなかで挙げられた二つの案とは、「余暇・民衆貯蓄金庫の拡大」と「労働者と職員層のための割引措置」である。前者は、すでにホテルプランが実施していた余暇旅行のための貯蓄制度から発案されたもので、ホテルプランだけでなくすべての保養地やホテルで使用できる統一貯蓄切手の発行を計画し、スイス全体で10万世帯の利用を構想していた。後者は、先に挙げたイタリアとドイツの余暇団体を参考に発案され、特にオフシーズン中や小規模の民宿しかない、辺鄙な保養地の活性化を考慮した制度であった。

　こうしたドゥットヴァイラーの提案は、ホテルプランの事業から派生した

21　Duttweiler, *Hotel-Plan*, S. 11-12.

22　ベルリンでの事業については、Häsler, *Das Abenteuer Migros*, S. 159-160（邦訳 203-206 頁）を参照。

23　Gottlieb Duttweiler, *Ein Sofortprogramm zur gleichzeitigen Belebung der Hotellerie und der Verkehrsanstalten (=Schriftenreihe der Unabhängigen Bewegung 1)*, o. O. o. J. [1937], S. 11-12.

ものであり、不振の渦中にあった観光業の再生という問題意識に立脚していた点で、商業的性格の強いものであった。また、無所属全国同盟が政界で孤立していたなかで、この構想が実現する可能性は低く、観光業界の賛同も得ることはできなかった。1938年以降のホテルプランは、旅行代理店として安定期に入っていくことになるが、それと同時に、それまでもっていた、観光事業を通じて人びとの社会的境界を打破しようとする方向性と意欲を見失っていったのである[24]。

前章で言及したように、スイスの観光業界は、ホテルプランが提示した大衆化した観光のあり方に強い抵抗感を示した。しかし、そのことは観光業界が大衆化に無関心であったことを意味するわけではなかった。むしろ、フンツィカーをはじめとする観光連盟の関係者は、大衆化への対応を重要な課題として認識していた。ドゥットヴァイラーの構想は、観光業界と問題意識を共有しており、スイス観光業の復興にとどまらず、「公益」の観点から余暇の普及を展望したものであったといえるだろう。こうした社会的観点からの余暇普及の構想は、観光連盟の主導したReka設立に向けて、どのように継承されていったのだろうか。

ホテルプランとRekaの直接的関係については、これまでの研究でも明らかにされている。イェンニによると、ホテルプランは「ドゥットヴァイラーの敵対者に対する断固とした態度が原因で成功せず」、のちに設立されたRekaの事業が、「すでに1935年にドゥットヴァイラーによって主張されていた」構想を引き継いだという側面は否定できないという[25]。さらにRekaには、W・アップラナルプ（Walter Abplanalp）のように、ホテルプランの事業に携わった人物もかかわっていた。彼は、無所属全国同盟の最初期のメンバーでもあり、1936年から翌37年までホテルプランの取締役を務めたが、1937年8月にその経営方針をめぐってドゥットヴァイラーと対立し、

24　Schumacher, *Ferien*, S. 280-282.

25　Jenni, *Duttweiler und die schweizerische Wirtschaft*, S. 374.

同年末に退職した。その後、1939 年から 1973 年までの長期にわたり、Reka
の事務局長を務めた[26]。そのアッププラナルプ自身も、第二次世界大戦後の
論考で、スイスのソーシャル・ツーリズムがホテルプランの事業から刺激を
受けていたことを認めている[27]。

　以上のように、ホテルプランをはじめとするドゥットヴァイラーの事業や
構想と、Reka との間には、広範な社会層への余暇・観光旅行の普及をめざ
すという点で、共通性があったことは否定できず、人的関係もみられる。し
かし、両者の間には、観光の大衆化に対する認識や具体策について大きなち
がいがあった。次節以下では、この点を中心に、Reka の設立前後の動向を
通じて検討したい。

第 2 節　エーレンシュペルガーの「労使間平和」構想

　周辺諸国の余暇・旅行の普及に関する動きは、スイスの観光業界にも強い
印象をもって迎えられた。観光連盟の初代会長を務めたエーレンシュペル
ガーは、観光政策のあり方について論じた自身の論文「スイスの観光政策の
諸問題と諸課題」のなかで、国内の社会政策と産業政策の観点からこの問題
を論じている[28]。

　それによると、ドイツやフランスで行われている労働者層の組織化による
安価な観光旅行は、交通機関や旅館・飲食業の採算性を犠牲にして実施され
ており、ハイシーズンでもない限りそこから利益を得ることはできない。し
かもこうした旅行は、ハイシーズンに本来であれば観光のために金を落とし

26　Schumacher, *Ferien*, S. 250-251; Jenni, *Duttweiler und die schweizerische Wirtschaft*, S. 374.

27　Walter Abplanalp, "Sozialtourismus: sein Ursprung und der schweizerische Weg", in: *Fremdenverkehr in Theorie und Praxis: Festschrift für Walter Hunziker*, Bern 1959, S. 31; Id., "Die Schweizer Reisekasse: Ein Werk sozialer Zusammenarbeit", in: Schweizer Reisekasse (Hg.), *Aus der Praxis des Sozialtourismus*, S. 27.

28　Ehrensperger, "Probleme und Aufgaben der schweizerischen Fremdenverkehrspolitik", S. 8-9.

てくれるはずの、より豊かな客層向けの価格を圧迫してしまうために、安さゆえに観光地に多くの客が訪れたとしても、そこから得られる総収入では採算が取れない。エーレンシュペルガーにとって、安価な大量輸送とは、私経済に悪影響を与えないことを前提としており、オフシーズンに実施されるべきであった。一例として彼は、自らが会長を務めるユングフラウ鉄道で、国民全体に山の景観のすばらしさに浴してもらうため、長年にわたりオフシーズンの時期の日曜日に、安値で多くの客を輸送するサービスを実施していたことを挙げている。そもそもエーレンシュペルガーは、ドイツの歓喜力行団に代表される、下層の労働者層を対象とした大衆運動による観光の促進策にも不信感を抱いていた。なぜなら、こうした運動が「利他主義からではなく、政治権力を利する世論誘導のために引き起こされた」からであったという[29]。

鉄道会社を経営するエーレンシュペルガーは、経済人としての立場から、あくまでも観光業界の採算性を重要視し、その枠内での観光の社会的普及を主張していた。そこからうかがえるのは、大衆化への対応を各企業の営業努力にゆだねようとする消極的な姿勢である。エーレンシュペルガーにとって、社会問題としての余暇の普及と経済的課題としての観光振興という二つの課題の結節点は、どこにあったのだろうか。

エーレンシュペルガーは、富裕層の減少とそれに並行した中間層と下層の増加という、当時のスイス観光業に生じていた客層の変化、さらにはそこに目を付けたドゥットヴァイラーによるホテルプランの登場に危機感を覚えていた。エーレンシュペルガーは、こうした観光をめぐる環境の変化に対応するため、1937 年の夏にスイス労働組合総同盟（Schweizerischer Gewerkschaftsbund）議長で、社会民主党所属の国民院議員 R・ブラーチ（Robert Bratschi）との間で、旅行・余暇団体を設置することで合意した[30]。翌 1938 年に入ると、ブラーチは、エーレンシュペルガーを引き継いだフン

29 Ebd.

30 Robert Bratschi, "Die Schweizer Reisekasse in Staat und Witschaft", in: Schweizer Reisekasse (Hg.), *Aus der Praxis des Sozialtourismus*, S. 74.

ツィカーによる構想の具体化へ向けた作業を後押しするために、連邦政府に
支援を要請している[31]。

エーレンシュペルガーは、1937年11月にReka設立の出発点となる構想
「大衆＝旅客動向の処理に関する報告書」を執筆し[32]、11月12日に連邦郵
便・鉄道省交通局長P・クラドルファー（P. Kradorfer）宛に提出した[33]。
以下では、このエーレンシュペルガーの報告書をもとに、当時の観光業界に
よる観光の大衆化に対する問題意識を確認しておきたい[34]。

報告書の冒頭でエーレンシュペルガーは、上記で紹介した論文「スイスの
観光政策の諸問題と諸課題」と同様に、国際間の旅行の傾向に構造的な変化
が生じていることを論じる。具体的には、経済状況の変動にともない、上質
な旅行者が減少し、安価で大量の旅客輸送が急増していると述べる。こうし
た現象の原因としてエーレンシュペルガーは、労働者層や職員層への有給休
暇制度の拡大を指摘しているが、それに加えて、この大量輸送がドイツ、フ
ランス、イタリアに代表される、政治団体の利害にもとづいた国家的介入に
よって促進されていることに注目する。旅行の傾向が変化した例として、鉄
道輸送において、旅客の構成が変化し、1925年から35年にかけての10年
間で、一等車利用客が大幅に減少する（－75％）一方、三等車利用客が増
加している（＋11％）という事実、さらに団体旅行が増加していることを
挙げている。こうしたエーレンシュペルガーの現状認識には、前章でみた
ドゥットヴァイラーのホテルプラン立ち上げの動機と大きなちがいはないよ
うに思われる。しかし、両者の認識の相違は、その問題意識において顕著に
表れる。

---

31 R. Bratschi an Pilet-Golaz, 14. Jan. 1938, in: SBA E8100（B）1972/86, 703 Schweizer
   Reisekasse.

32 Fritz Ehrensperger, Exposé für die Ordnung des Massen-Reiseverkehrs, Dezember 1937, in:
   SBA E8100（B）1972/86, 703 Schweizer Reisekasse.

33 F. Ehrensperger und W. Hunziker an P. Kradolfer, 12. Nov. 1937, in: SBA E8100（B）
   1972/86, 703 Schweizer Reisekasse.

34 Ehrensperger, Exposé für die Ordnung des Massen-Reiseverkehrs.

　エーレンシュペルガーは、観光業をとりまく一連の状況のなかに、次のような克服すべき課題を見出した。第一に、国内で拡大している大量輸送を技術的に処理すること。第二に、従来スイスに多くの収益をもたらしてくれた富裕な旅客との衝突を招かない形で、大衆が旅行する地域を管理すること。第三に、上質な旅客が最も多くなる月に大衆の往来も集中するという問題があること。そして第四に、国内で勢いよく増加している旅客の動向が、政治的に大衆動員を行うドイツやイタリアなど周辺諸国のように政治問題化すること、である。すなわち、エーレンシュペルガーが課題として認識していたのは、安価な料金で観光へ参入してきた大衆旅客層を、以前からの顧客である富裕な旅客層とすみ分ける形で取り込むことであった。

　この課題を解決するために、エーレンシュペルガーは、労働組合・職員組合・大企業・州・自治体、ならびにその構成員が参加する中立的な余暇団体「労使間平和」（Arbeitsfrieden）の設立を提起した。エーレンシュペルガーは、団体の目的を以下のようなものとする。

　　　この団体の目的は、第一に、われわれ国民を休養させて、労使間平和の理念を普及することにある。この課題は、わがスイスのすばらしい国土へのより安価な余暇と旅行をあっせんすることによって解決されるだろう[35]。

　ここに明らかなように、エーレンシュペルガーは、労使間平和協定成立以後の労使協調路線の確立に資する、スイスの社会統合に貢献する団体を構想していた。また、彼の構想には、余暇の提供を通じて、労働者層や職員層の力を回復し、労働生産性を向上させる狙いがあった。エーレンシュペルガーを引き継ぐことになるフンツィカーが構想を具体化する際にも、こうした理念は踏襲されていく。

　しかし、社会統合の理念を掲げるエーレンシュペルガーの「労使間平和」

35　Ebd.

設立構想は、あくまでも観光業界の論理にもとづいたものであったことを見逃してはならない。以下の表現にみられるように、彼の発想の根底には、観光業を阻害することのないように、大衆化を管理すべきものとみなす態度があった。

　　さらにわれわれは、わが国に最もふさわしい旅客の往来が妨げられないように、大衆の往来を局地的に調整するための道具をもつことになる。この課題が、新規事業のなかで最も急を要すべきことであることを忘れてはならない。なぜなら、貨幣に関するグレシャムの法則〔「悪貨は良貨を駆逐する」〕の結果に対応しており、その決まり文句は観光の領域にもあてはまるからだ。すなわち、金払いの悪い客層は、良い客層を駆逐するのだ[36]。
　　　　　　　　　　　　　　　　　　　　　　　　（〔 〕内は引用者）

　以上のように、エーレンシュペルガーの「労使間平和」構想は、観光をとりまく構造転換の現状を認識したうえで、それに参加する「大衆」を、ドイツやイタリアとは異なった形で、余暇団体を通じて管理しようとするものであった。それは、政治的意図からというよりも、観光業界の意図から発したというべきであり、根底にあったのは、大衆化がもたらすと考えられた、観光業の変容に対する危機感であった。しかし、エーレンシュペルガーはこの提案を自らの手で実行に移すことなく、1938年7月に死去する。構想は観光連盟事務局長のフンツィカーによって受け継がれ、具現化されることになる。

第3節　「スイス的」な旅行団体と観光業界の論理

　本節では、フンツィカーの構想を検討したうえで、観光業界の視点と新団体の理念という二つの側面からReka設立の背景を再検討する。

36　Ebd.

　ここで、フンツィカーの経
歴を確認しておこう。彼は、
1899 年にスイス北部のアー
ルガウ州に生まれた。チュー
リヒ大学で経済学を研究し、
スイス綿糸工業についての研
究で博士号を取得した。その
後、ガス会社、銀行、それに
新聞社での勤務を経て、1936
年 3 月からスイス観光連盟事
務局に入り、翌 1937 年 10 月
からは事務局長となった。後

図 5-1　W・フンツィカー

出典：Ralph Krebs/Hans Teuscher, *50 Jahre Reka 1939-1989*, Bern 1989, S. 67.

述するように、1939 年 6 月には Reka の理事長に就任し、1974 年に死去す
るまで務めた。戦後には活動を国際的に拡大し、1950 年に世界最初の観光
研究・教育に関する国際組織である国際観光専門家協会設立にかかわり、こ
ちらも死去するまで会長を務めた。さらに 1963 年には国際ソーシャル・
ツーリズム事務局（Bureau international du tourisme social, BITS）の初代
会長に就任するなど、国内外の観光業界で要職を歴任した人物である[37]。

　エーレンシュペルガーの提案を踏まえてフンツィカーは、早くも 1937 年
12 月に、構想の具体化へ向けて報告書を作成した。そのなかで、旅行目的
に特化した貯蓄を受け付ける機関として、「スイス旅行貯蓄金庫」（Schweizer
Reisesparkasse）の設立を提案し、それによる宿泊施設や交通機関の割引の
提供を構想した[38]。さらに翌 1938 年 1 月には、「スイスにおける大衆旅客の
動向の把握と組織に関する提案」を作成し、「旅行支援」協同組合

37　塩田正志「フンツィカー、ヴァルター」長谷政弘編著『観光学辞典』同文舘出版、1997 年、
　　15 頁、Schumacher, *Ferien*, S. 295f., Anm 26.

38　W. Hunziker, Bemerkungen zum Exposé von Herrn Dr. F. Ehrensperger für die Ordnung
　　des Massen-Reiseverkehrs, 16. Dez. 1937, in Schweizer Reisekasse, Faszikel vor der Gründung.

（Genossenschaft "Reisehilfe"）、スイス旅行・余暇基金（Schweizer Reise-und Ferienfonds）、それにスイス旅行貯蓄金庫の設立構想を打ち出している[39]。以降、フンツィカーは組織の具体化へ向けて調整を進め、Reka の規約の草案も執筆するなど中心人物として活動した。

　1938 年 7 月 4 日、連邦郵便・鉄道省交通局が招集して、計画の実行を主導するための委員会が開かれた。フンツィカーは、報告者としてこの委員会に参加した。彼は、報告のなかで、労働組合や企業、それにホテルプランといった、個別の企業・団体による余暇の組織化に向けた萌芽的取り組みの存在や、「旅行の民主化」による国民全体の旅行への参入といった事実を確認している。さらに、そうした新たに参入している人びとの多くが、スイス国内ではなく外国へ向かっていることを経済的観点から問題視した。他方で、社会的観点からは、労働者層や職員層へ課せられる要求が増えており、体力や精神力を回復させる機会が必要であるとする。以上の点から、スイスにも、安価な旅行をあっせんする機関の必要性を論じた[40]。

　そのうえでフンツィカーは、諸外国の事業との比較を行い、新設予定の団体の独自性を強調した。その際に、フランスやベルギーの施策も視野に入れながら、ドイツやイタリアといった「権威主義的諸国」の試みをより批判的に論じている。彼は、労働者層や職員層の労働意欲創出のために余暇を普及させるという構想自体は、ドイツとイタリアの先例に影響を受けていることを認めたうえで、それらの成功は、政治的目的から交通機関や宿泊施設に価格引き下げを強制したことに起因すると指摘し、こうした先例をそのままスイスへ導入することは誤りであり、交通機関や宿泊施設にとって十分な価格が保証されるべきであると主張する[41]。

39　W. Hunziker, Ein Vorschlag zur Erfassung und Ordnung des Massen-Reiseverkehrs in der Schweiz, 31. Jan. 1938, in: Schweizer Reisekasse, Faszikel vor der Gründung.

40　W. Hunziker, Referat für die Sitzung des Arbeitsausschusses zur Behandlung der Frage der Ordnung des Massen-Reiseverkehrs in der Schweiz, 4. Juli 1938, in: SBA E8100（B）1972/86, 703 Schweizer Reisekasse.

41　Ebd.

　ここには、観光業界への現実的配慮というエーレンシュペルガーと共通する態度がみられる。歓喜力行団のように、観光業界に強制的な価格引き下げを課した場合、独自の価格設定に固執する宿泊業界、とりわけホテル協会の利害に抵触し、ホテルプランの轍を踏むことになりかねなかった。ホテル協会は、カルテル的な価格の標準化を推進しており、1930年代の不況の時期にもそうした路線を堅持した。協会が眼前の危機的状況をあくまで例外とみなし、連邦政府の支援に頼っていたことは、第3章でみたとおりである。フンツィカーは、すでにRekaの構想を提起した1937年12月の段階で、歓喜力行団やドーポラヴォーロが交通機関や宿泊施設に対して圧力をかけて強制的に運賃や宿泊料を引き下げていることや、団体旅行の組織化に警戒し、それらのやり方をスイスに導入することは間違っていると主張していた[42]。

　エーレンシュペルガーとフンツィカーの構想に共通するもう一つの点は、余暇を組織する新団体の必要性を、スイスの政治的文脈と結びつけて、理念面から正当化したことである。具体的には、歓喜力行団やドーポラヴォーロなどの先行事例との差異を強調しつつ、新団体のなかにスイス固有の価値の付与を試みた点にある。エーレンシュペルガーが、同時期の風潮にしたがって、労使間平和協定と名称の重なる「労使間平和」を構想したのは前節で検討したとおりである。

　その一方で、ナショナリズムによる正当化という側面は、エーレンシュペルガーによる当初の構想段階においては相対的に薄く、フンツィカーによる具体化の時期に強化されたものと推察される。それを示唆するのが、1937年度の観光連盟年次報告書の記述である。そこでは、エーレンシュペルガーとフンツィカーによる余暇団体設立構想に言及するなかで、あくまでもその社会事業としての意義を強調しており、国民統合という役割は、二義的なものであった。

42　Walter Hunziker, Bemerkungen zum Exposé von Herrn Dr. F. Ehrensperger über die Ordnung des Massen-Reiseverkehrs, 16. Dezember 1937, in: SBA: E8100 (B) 1972/86, 723 Schweizer Reisekasse.

　この計画では、社会的要因が決定的役割を演じている。苛烈な生存競争のなかで消費した力の再生とは、もはや財産上の特権ではなく、いかなる勤労者にも解放されたものであることを、労働者や職員に納得させなければならない。こうした原則を守るには、特別な団体を通じて、問題となっている同胞全員に、わが国での安価な旅行や余暇をあっせんする機会の創出を必要とするのだ。多くの景色の美しい場所を知ることが、労働者の間に、国民としての観念をより広く根付かせるものでなくてはならないというのは、副次的なことであるにすぎない[43]。

　ここから一歩進んで、フンツィカーは、旅行様式を国民性と結びつける形で新団体の必要性を議論した。彼は、1938年7月4日の委員会での席上で、歓喜力行団などが行う団体旅行を否定的に論じる文脈で、「スイス人の個人主義的態度」を考慮に入れなければならないと主張した[44]。その後も彼は、新団体が「民主主義的原則を保証し」、「強制的な解決を嫌うスイス人の特性を十分に考慮する」ことの重要性に言及することになる[45]。

　1939年6月22日にRekaの設立総会が開かれた。この協同組合は、観光・交通関係の業界団体、労働組合、経営者団体、消費生活協同組合連合から出資を受けて運営されることになり、スイス各界の協力を理念とする構想がここに実現した[46]。エーレンシュペルガーの後任として、1935年から観光連盟会長に就任していた国民院議員（農工市民党）のM・ガフナー（Max Gafner）は、この総会の場で、フンツィカーと同様にRekaのスイス的性格を強調した。Rekaは外国を手本にして生まれたものではなく、スイス独自の民主的な路線にのっとっており、自由意志と合意にもとづいていること、

43　Schweizerischer Fremdenverkehrsverband, *Tätigkeitsbericht über das Jahr 1937/38*, S. 65.

44　Hunziker, Referat für die Sitzung des Arbeitsausschusses.

45　W. Hunziker, Was ist und Was will die Schweizer Reisekasse? , 8. Nov. 1938, in: Schweizer Reisekasse, Faszikel vor der Gründung.

46　Krebs/Teuscher, *50 Jahre Reka*, S. 13-19.

さらに社会、国民衛生、交通技術という三つの側面から国民に奉仕するものであると強調した[47]。

　以上のような、フンツィカーやガフナーら観光連盟関係者による Reka をめぐる発言は、1938 年末以降、スイスの国策となっていく「精神的国土防衛」の文脈で理解できる。序章でも述べたように、スイスをとりまく国際情勢の緊迫化は、強い危機感を与えていた。精神的国土防衛の目的は、スイスの言語的・文化的多様性や民主主義体制を称揚し、ナチズム・共産主義の脅威に対抗して、国民の統合を図ることにあったが、その内容のあいまいさは、精神的国土防衛を左派から右派にいたるまでの、さまざまな陣営に開かれた運動にしていた[48]。

　従来、精神的国土防衛の内容については、主に文化的側面が研究されてきた。しかし、J・モーザー（Josef Mooser）によれば、社会・経済政策面における影響も無視できないという。左派陣営も、外へ向けてはナチズムに強く抵抗し、内に向けては社会的平等をめざす政策が実現されることへの期待を込めて、精神的国土防衛を支えていく[49]。Reka と精神的国土防衛との関連性については、シュヴァイツァーとシューマッハによる先行研究でも簡潔に指摘されているように、「スイス的」な旅行像を提示して事業を正当化したという点で、一定の関係を認めうる[50]。この点については、第二次世界大戦勃発後を扱う次章で改めて考察することにする。

47　Protokoll der Gründungsversammlung der Genossenschaft Schweizer Reisekasse vom 22. Juni 1939, in: Schweizer Reisekasse, S. 1-2. ガフナーは、ミグロの事業拡大の阻止を狙って、「支店禁止令」の決定を推進するなど、ホテルプランの設立以前からドットヴァイラーと敵対していた人物の一人である。

48　Jorio, "Geistige Landesverteidigung", S. 163-165.

49　Mooser, "Die «Geistige Landesverteidigung» in den 1930er Jahren", S. 701-702; 独立専門家委員会　スイス＝第二次大戦編『中立国スイスとナチズム』、50-52 頁、64-65 頁、葉柳「チューリヒ劇場と社会・文化的文脈」、1-53 頁。

50　Schweizer, *Krise und Wandel*, S. 167-168; Schumacher, *Ferien*, S. 288.

まとめ

　Reka 設立直後の 1939 年 8 月、ドゥットヴァイラー率いる無所属全国同盟発行の『行動』(*Die Tat*) 紙は、Reka の計画がホテルプランを模倣したものであるとして、以下のように批判している。

　　もちろん、〔Reka は〕ホテルプランと無所属全国同盟の考え方をほぼ全面的に踏襲している——しかし、外国人観光客の誘致を最初から控えているため、行動範囲はかなり限定されていることがうかがえる——旅行公庫の計画そのものを非難しているのではない。私たちは、4 年間もすばらしい理想を妨害し、その対抗馬として似たようなものを掲げる、威信をかけた政治という不滅のガン腫瘍を嘆いているだけである。また、この競合プランが、役所の補助金の恩恵にもかかわらず、あるいはまさにそれゆえに、<u>健全なスイスの土壌で成長したホテルプランよりも、歓喜力行団の群衆組織にはるかに近い結果にならないともいいきれないのである</u>。しかし、私たちはすでに、ホテルプランの構想が最初に公に発表された 2 ヵ月後に、ホテルプラン専用列車がはじめて運転され、ホテルプランの全体割引チケットがはじめて使用されたことを確かに知っている。スイス旅行公庫は、(早ければ) 1938 年のはじめに計画として生まれたが、今日まで紙のうえでしか実行されてこなかった*。

　　　　　　　　　　　　　　　　　(下線部、〔 〕内は引用者)

　観光旅行への参加が難しかった人びとを対象に、そのすそ野を広げようとした点において、前章で検討したホテルプランと Reka には明らかに共通する側面があった**。前者は孤軍奮闘する結果に終わり、後者は観光業界、労働組合、それに経済界などの諸団体が協力して設立し、連邦政府による支援を得ることにも成功した。

　それでは、『行動』紙が批判したように、Reka はスイス版歓喜力行団として生まれたのか。本章の最後にこの点を論じておきたい。そもそも Reka は、観光業界による観光の大衆化に対する危機感から構想

された ***。ホテルプランが、大衆化による観光業の活性化を提唱した
のに対し、Reka は観光業界の利害に配慮し、高級観光地としてのス
イスを維持しながら旅行の普及をめざすという課題を背負うことに
なった。両者の相違は、構想の方向性以上に、事業内容をみることで
いっそう明らかになる。

　大きな論点は、宿泊価格引き下げの是非であった。ホテルプランが
引き下げを構想に盛り込んだことで、ホテル協会と鋭く対立したのに
対し、フンツィカーはそれを退け、ホテルプランを歓喜力行団やドー
ポラヴォーロと重ねて批判する。Reka は、宿泊施設の価格を平準化
するという方法を回避し、業界が固執する観光地としての質的水準を
維持しながら、スイス国民に安価な個人旅行を提供する手段を追求し
たのである。

　確かに、観光業界による余暇団体の構想には歓喜力行団とドーポラ
ヴォーロの手法への対抗意識が作用していた。政治的な大衆動員への
嫌悪から、フンツィカーは集団旅行に個人旅行を対置し、旅行様式を
通じて民主主義国家スイスの「自由」を強調した。しかし、構想の出
発点が、観光業界に対する強制的な価格引き下げの是非の議論にあっ
たことには改めて注意したい。Reka の利用者は行き先を強制される
ことなく、個人で「自由に」選択できるとうたわれた。だが、そこで
与えられた選択肢自体が観光業界の利害調整の産物であった可能性も
指摘できる。エーレンシュペルガーやフンツィカーの発想には、観光
に参入しつつある大衆を把握し、観光業に悪影響を及ぼすことなく操
作しようとする意図がみてとれる。Reka は、「労使間平和」や「精神
的国土防衛」という時流に乗りつつも、観光業界の事情を色濃く反映
して誕生したという意味でも「スイス的」な組織であった。

*　　*Die Tat*, 18. Aug. 1939.

**　Schweizer, *Krise und Wandel*, S. 172.

***　Ebd., S. 373-374.

第6章 「準備の時代」
——科学的観光論における戦後構想

　本章の目的は、第二次世界大戦中のスイス観光業界関係者による、ソーシャル・ツーリズムをはじめとする戦後構想の特徴について、同時期にスイスで形成された「科学的観光論」（die wissenschaftliche Fremdenverkehrslehre, 以下、「観光論」と略記）との関連で考察することである。

　これまでに検討したように、19世紀後半から20世紀初頭にかけて、スイスの主要産業の一つに成長した観光業は、二つの世界大戦の時代に大きな試練を経験した。第一次世界大戦では、外国人観光客の激減によりホテル業が大打撃を受けた。戦間期に入ると復調の兆しがみられたが、1930年代には世界恐慌の影響で再び不況に陥ったため、観光業の構造転換をみすえた新たな振興策が徐々に実行されつつあった。こうした状況のなかで、第二次世界大戦が勃発したのである。

　第二次世界大戦は、中立国スイスにも深刻な影響をもたらした。特に枢軸国に国境を包囲された1940年5月以降、ドイツの軍事的脅威が現実味を増したことで、スイスの独立を維持するためのさまざまな模索が試みられる。その過程で生じたドイツとの密接な経済関係は20世紀末に国際的非難を浴び、その実態解明が現代史研究の重要課題になっている[1]。

　戦時中は、観光業界でも観光連盟を中心に危機的状況への対応がみられた。しかし、現実に継続していた他国間での貿易が問題となる工業部門とは異なり、観光業においては、国際観光の前提としての国境を越えた人的往来が、戦争によって著しく制限されていたことから、対応策の内容はおのずと

1　独立専門家委員会　スイス＝第二次大戦編『中立国スイスとナチズム』。

大戦後を展望したものにならざるを得なかった。そのことは、現在を「準備の時代」と位置づけ、観光現象を学術的に把握し、戦後復興に備える動きが生じる契機となった。すなわち、観光振興の基礎となるべき観光論が提唱され、研究・教育機関での制度化につながっていくのである。

　戦時中に確立した観光論は、スイス一国にとどまらず、戦後世界の観光振興へと連なるより大きな文脈で取り上げるべき対象である。最近の研究では、第二次世界大戦後のヨーロッパ復興をめぐる国際協力において、観光の果たした役割の重要性が指摘されている[2]。観光業は戦後復興の一環として積極的に振興が図られたが、スイスはそれを支える観光研究の拠点となった。戦後ヨーロッパの観光史を探るうえでも、その源流となった戦時中のスイスの動向を検討する意味は小さくない。

　しかし、スイスの観光論について、日本の研究では観光学史の概説的叙述で言及されるにとどまり、その意義は総じて否定的に評価されてきた[3]。最も詳しく紹介した塩田の研究でも、歴史的文脈を踏まえた検討はなされていない[4]。

　ドイツ語圏に目を転じると、戦間期の観光業を検討したシュヴァイツァーが、スイスの観光論についてわずかに言及している。彼によると、それは1950年代の末頃に衰退した。その原因として、観光論の扱ったテーマが限

2　Eric G.E. Zuelow, "The Necessity of Touring Beyond the Nation: An Introduction", in: Id. (ed.), *Touring Beyond the Nation: A Transnational Approach to European Tourism History*, Farnham, 2011, pp. 1-16.

3　観光学の側からは、現在の観光研究が戦後のマス・ツーリズム出現を契機にはじまったものであり、それ以前からのスイスを含むヨーロッパの観光学の系譜との断絶が指摘されている。石森秀三「国際観光学アカデミー──観光研究の最近の動向」『民博通信』第 47 号（1990 年 2 月）、70-86 頁、安村『社会学で読み解く観光』、23 頁。

4　塩田正志「観光学の研究対象と研究方法」塩田正志・長谷政弘編著『観光学』同文舘出版、1994 年、3-15 頁、同『観光学研究 I』（第 5 版）学術選書、1998 年。スイスを含むドイツ語圏の観光学を紹介した邦語文献としては、大橋昭一「ドイツ語圏における観光概念の形成過程──ドイツ観光経営学研究の 1 章」『大阪明浄大学紀要』第 1 号（2001 年 3 月）、11-21 頁、富川久美子「ドイツ語圏における観光研究の展開と観光の概念規定」『総合観光研究』第 1 号（2002 年 11 月）、107-116 頁も参照。

定的であったうえ、経済学に偏っていたことを挙げている[5]。しかし、彼の研究では、観光史の研究状況との関連で簡潔に言及されるにすぎず、1930年代以降の観光論誕生の経緯は検討されていない。

それに対し、戦時中の観光論をめぐる状況を実証的に解明したのがシューマッハの研究である。彼女は、スイス人の余暇をとりまく変化を論じた研究のなかで、1930年代から1940年代にかけて、観光連盟をはじめとする業界関係者が中心となり観光論が構想されたことに注目し、観光が経済政策のみならず社会政策の対象としてみなされていく過程で、観光論が重要な役割を果たしたと指摘した[6]。

ドイツの「観光史」（Tourismusgeschichte）研究の第一人者であるH・シュポーデ（Hasso Spode）は、ドイツ語圏観光史の研究動向を検討している。その際に彼は、スイスの観光論が自らを社会学の一領域に位置づけつつ、歴史研究も視野に入れた試みであったとして、その先見性を積極的に評価する。他方で、本来学際的人間科学として出発した観光論が、戦後になると包括的な説明を放棄したことで、「ホテル学」のような視野の狭い商業的問題へと後退し、経済・政治への助言に限定された領域で存続するにとどまったとして、シュヴァイツァーと同様にその限界も指摘している[7]。

---

5   Schweizer, *Krise und Wandel*, S. 3.

6   Schumacher, *Ferien*.

7   Hasso Spode, "Zur Geschichte der Tourismusgeschichte", in: Wiebke Kolbe/Christian Noack/Hasso Spode（Hg.）, *Tourismusgeschichte(n) (Voyage: Jahrbuch für Reise & Tourismusforschung, Bd. 8)*, München/Wien, 2009, S. 9-22; Id., "Tourism Research and Theory in German-Speaking Countries", in: Graham M. S. Dann and Giuli Liebman Parrinello（eds.）, *The Sociology of Tourism: European Origins and Developments (Tourism Social Science Series, Vol. 12)*, Bingley 2009, pp. 65-93; Id., "Geburt einer Wissenschaft: zur Professionalisierung der Tourismusforschung", in: Themenportal Europäische Geschichte（2012）, <http://www.europa.clio-online.de/2012/Article=584>（2022年6月18日最終閲覧）. 同時代人による同様の指摘として、Joseph Leugger, "Fremdenverkehr in der modernen Arbeitsgesellschaft", in: *Festschrift für Prof. Dr. Walter Hunziker zum 60. Geburtstag*, Bern 1959, S. 97; 石森も、「一九五〇〜一九六〇年代における世界的な観光開発ブームが、観光学の理論的発展を大きく阻害した」と指摘する。石森「国際観光学アカデミー」、71頁. 最近では、Metin Kozak/Nazmi Kozak, "Institutionalisation of tourism research and education: from the early 1900s to 2000s", in: *Journal of Tourism* ↗

　従来の研究の多くは、スイスにおける観光論の学史上の意義と限界を指摘するにとどまり、戦後のヨーロッパ観光史において果たした役割が明らかではない。それに対し本章では、シューマッハの研究で追究されなかった、第二次世界大戦中の観光論の戦後構想に着目する。特に、新しい自由主義を模索した同時代の思想的潮流との関係も踏まえつつ、その歴史的意義を考察したい。以上の検討を通じて、スイスでの試みが、戦後の経済復興や大衆化などの大局を踏まえた観光振興策をいち早く提示していたことが指摘できるだろう。

第 1 節　スイスにおける観光論の形成

(1)「科学的観光論」の誕生——フンツィカーとクラップ

　ヨーロッパにおける観光の学問的研究は、19 世紀から 20 世紀への転換期に、イタリア政府統計局長 L・ボディーオ（Luigi Bodio）による統計的把握の試みからはじまったとされる。これは、観光統計を整備することによって外国人観光客の動態を把握し、その結果を外貨獲得のための観光政策、特に対外観光宣伝に反映するのが目的であった。こうした傾向は、第一次世界大戦後のヨーロッパ諸国でいっそう顕著になった。大戦後のヨーロッパでは戦勝国も敗戦国もともに荒廃し、外貨、特にアメリカ合衆国のドルによる経済復興を期待して、アメリカ人観光客の誘致に力を入れたためである[8]。

　こうした背景のもとで、1920-30 年代にイタリアやドイツなどで観光政策の理論的支柱ともなるべき観光学の試みが本格化する。この時期に、イタリアの A・マリオッティ（Angelo Mariotti）、ドイツの A・ボールマン（Artur Bormann）、R・グリュックスマン（Robert Glücksmann）らの著作が相次いで発表された[9]。このうち、ドイツ語圏の拠点となったのが、1929 年にグ

History, 8-3（2016）, pp. 275-299 がドイツ語圏を含む観光研究の制度化の歴史を通観している。

8　塩田「観光学の研究対象と研究方法」、11 頁。

9　同上、11-12 頁。

リュックスマンが設立したベルリン商科大学観光研究所であった。グリュックスマンは、観光を体系的に研究する、「総合文化科学」ともいうべき「観光論」を提唱し、この研究所の運営と学術雑誌『観光論叢』（*Archiv für Fremdenverkehr*）の発行を通じて、観光学の振興に尽力した[10]。

　しかし、世界恐慌とナチ党の台頭がドイツにおける発展の道を閉ざすことになる。ベルリン商科大学観光研究所は 1935 年に閉鎖され、ユダヤ人のグリュックスマンは第二次世界大戦中の 1942 年に、テレージエンシュタット強制収容所で最期を迎えた[11]。時系列的には、ドイツでのこうした動きを引き継ぐように、1940 年代のスイスで観光論の制度化へ向けた気運が高まった。それを象徴するように、グリュックスマンの代表作『観光事業概論』は、1935 年にスイス観光業界を挙げての協力のもと、ベルンで出版されている[12]。

　そのスイスにおける観光論の発展を担ったのが、フンツィカーとクラップである。このうち、フンツィカーの経歴は前章ですでにふれた。彼の右腕として、ともに観光論の発展に貢献したクラップは、1907 年にスイス北東部のザンクト・ガレンに生まれた。スイス連邦鉄道の借款政策に関する研究でチューリヒ大学から博士号を取得したのち、1937 年からスイス観光連盟の事務局に入り、科学統計部門の責任者となった。戦後は、経済協力開発機構（OECD）の観光委員会のメンバーになるなど、フンツィカーと同じく国際的に知られた人物であった[13]。

---

10 同上、12 頁、Schumacher, *Ferien*, S. 349-350, Anm. 16.

11　Ebd. グリュックスマンの弟子による戦後の活動を追った研究として Gerlinde Irmscher, "Auf die Fährte eines Spurensuchers: Adolf Grünthal, Robert Glücksmann und die Exilierung der deutschen Fremdenverkehrsforschung", in: *Zeitschrift für Geschichtswissenschaft*, 65-5 (2017), S. 453-470 がある。

12　Robert Glücksmann, *Allgemeine Fremdenverkehrskunde*, Bern 1935（『観光事業概論』国際観光局、1940 年）. 本書の前書きでグリュックスマンが謝意を表明しているのは、すべてスイス観光業界（ホテル信託会社、ホテル協会、観光連盟、観光事務所）の主要人物であった。

13　クラップの経歴については以下を参照。Schweizerischen Fremdenverkehrsverband (Hg.), *Im Memoriam Prof. Dr. Kurt Krapf*, Bern 1963; Tunay Akoglu, "A portrait of Kurt Krapf", ↗

ドイツ語圏観光学の動向を整理した塩田に
よれば、「総合文化科学」とされるグリュッ
クスマンの方法論は、観光を体系的に研究す
るものである。これがいわば「上からの途」
を通じて観光学を構築するアプローチをと
るのに対し、フンツィカーの方法論は、観
光学を個別科学、応用学としてとらえる「下
からの途」にあたるものと整理される。す
なわち、経済学や社会学などの社会科学の
成果を借用しつつ、個々の研究を土台とし
て観光学の体系化を試みたものであり、そ

図6-1　K・クラップ
出典：*Der Bund*, 6. Sep. 1963.

の範囲も経済学や社会学の応用が中心となる。それゆえ、フンツィカーの観
光学は、本質的に観光経済学であり、観光社会学ということになる[14]。確か
に、フンツィカーとクラップの共著『一般観光論概説』（1942年）でもこう
した立場が表明されているが、シュポーデが彼らの視野の広さを評価したよ
うに、この著作では同時代スイスの政治・社会・文化における観光の役割を
論じていることに注意しておきたい[15]。

(2) 観光論の制度化

スイスでは、「自由主義的コーポラティズム」が形成されつつあるなかで、
連邦政府が観光振興において限定的な役割しか果たさず、業界団体の観光連
盟がその方向性を決定づけることになる。大学における観光論の制度化もそ
の一つの方策であった。

観光連盟の年次報告書を検討する限り、研究機関の設立が構想されはじめ

---

in: *Anatolia: An International Journal of Tourism and Hospitality Research*, 26-3（2015）, pp.
506-509.

14　塩田「観光学の研究対象と研究方法」、13頁。

15　Hunziker/Krapf, *Allgemeine Fremdenverkehrslehre*.

たのは、フンツィカーとクラップが観光連盟に入った 1937 年以降のことと
考えられる。同年には、観光連盟初代会長のエーレンシュペルガーが、スイ
スが優れた観光国であるにもかかわらず、観光の生じる原因と効果について
研究する場がないことを指摘し[16]、観光業にかかわる人材育成のための機関
設立を提言していた[17]。

　フンツィカーとクラップは、エーレンシュペルガーの提言からより踏み込
んで、高等教育レベルにおける専門研究・教育機関の整備を構想し、観光業
を指導する人びとの育成をめざした。まず連邦工科大学チューリヒ校への観
光講座設置に向けた準備を進め、1937 年 11 月にこれを連邦政府に申請して
いる。しかし、翌 1938 年 3 月にスイス教育庁は、観光の学術的基盤拡充の
必要性に同意したものの、観光講座を設置する場合に研究と教育を明確に分
離するよう提案したが[18]、その後この構想が具体化することはなかった。

　大戦勃発後の 1940 年に入ると、ザンクト・ガレン商科大学で観光講座設
置構想が浮上する。さらに翌 1941 年 9 月には、ベルン大学法学部に観光研
究所が設立された。ほぼ同時期にザンクト・ガレン商科大学の構想も実現
し、11 月から教育活動がはじまった。ベルン大学の研究所は研究活動に重
点を置いており、経営経済学者の A. ヴァルター（A. Walther）が所長に就
任したが、1943 年 10 月からはクラップが引き継いだ[19]。ザンクト・ガレン
商科大学では、人材育成を目的として教育活動に重点を置いて、観光論が全
学生の必修科目とされた。フンツィカーは、講座の主任講師となり、クラッ
プがその代理となった。

　ザンクト・ガレン商科大学観光講座では出版活動も盛んに行われ、フン

16　Ehrensperger, "Probleme und Ausgaben der schweizerischen Fremdenverkehrspolitik", S. 8.
17　Ebd., S. 29.
18　Schweizerischer Fremdenverkehrsverband, *Tätigkeitsbericht über das Jahr 1937/38*, S. 74-76.
19　*Referate an der Generalversammlung des Schweizerischen Fremdenverkehrsverbandes vom
　　30. Oktober 1943 in Neuenburg und Tätigkeitsbericht 1942/43 des Schweizerischen
　　Fremdenverkehrsverband (Publikationen des Schweizerischen Fremdenverkehrsverbandes: 19)*,
　　Bern 1944, S. 98.

ツィカーやクラップに加え、外部講師を招いた講演会の記録や研究論文を収録した叢書が刊行されている。この叢書の第一冊として 1942 年に刊行されたのが、先述のフンツィカーとクラップの共著『一般観光論概説』である[20]。本書をはじめとするザンクト・ガレン商科大学から発行された一連の出版物からは、スイスで構想された観光研究と同時代の社会との関連がみえてくる。本書の特徴は、戦前の観光研究が主に外国人観光客の誘致を想定して、統計や観光宣伝に重点を置いていたこととは対照的に、その範囲が経済にとどまることがないことである。具体的には、国内向けの観光政策、社会事業、政治、文化といった幅広い事象と観光との関係に章を割いており、同時代の国内外の情勢を反映した記述がなされていた。すなわち、1930 年代以降のスイス観光業をとりまく諸問題が、本書の叙述と密接に関連していたのである。

　戦時期に観光に関する研究・教育機関を整備する理由について、クラップは 1943 年の論文で「まさに、観光が部分的に不活発なのは、準備の時代、すなわちわれわれを包括的な知識をもった観光事業の指導者に育て上げることのできる期間、と考えるべきである」（傍点は原文の強調箇所）と述べ、戦後の観光業の再生を展望した人材育成の必要性という観点から研究・教育の推進を主張した[21]。

　こうした観光連盟関係者による努力の背景には、観光の質的な変化への対応がある。それは、観光の大衆化に対する危惧である。1930 年代末に、エーレンシュペルガーが研究の求められる領域として集団旅行と大衆の移動を挙げたように[22]、同時期に喧伝されたドイツの歓喜力行団による集団旅行がス

20　Hunziker/Krapf, *Allgemeine Fremdenverkehrslehre*.

21　Kurt Krapf, "Die Handels-Hochschule St. Gallen als Ausbildungsstätte des Fremdenverkehrs: Studiengang und Studienziele", in: W. Hunziker et al, *Kurort Kurdirektor Verkehrsdirektor: Ein Beitrag zur Institutionenlehre des Fremdenverkehrs und zur Abklärung von Wesen und Funktionen des Fremdenverkehrsortes sowie der Stellung, Aufgaben und Ausbildung seiner Organe (Schriftenreihe des Seminars für Fremdenverkehr an der Handels-Hochschule St. Gallen: 3)*, St. Gallen 1943, S. 85.

22　Ehrensperger, "Probleme und Aufgaben der schweizerischen Fremdenverkehrspolitik", S. 29.

イスにもたらしたインパクトは大きく、大衆化への何らかの対応を観光業界に迫った。その際、特に問題となったのは、政策による上からの価格引き下げの強制と大衆化によって引き起こされる観光地としての魅力低下であった。エーレンシュペルガーの懸念は、フンツィカーとクラップにも継承された。すなわち、戦後に向けて観光論が扱うべき論点として、観光業に対する上からの政治的介入の回避、それに、大衆化のもたらす影響の抑制と観光振興の両立という問題が浮上してくるのである。これらを理論的に後押ししたと考えられるのが、同時代のあるエコノミストの議論であった。

第2節　レプケによる「自由な国際経済」と大衆化への展望

　前節で紹介したように、戦時中に観光研究を進める必要性を力説したクラップは、1930年代の観光業の危機的状況について説明する際に、経済面からの分析が不十分であると指摘し、外交状況や、技術、社会面での再編過程を考慮すべきであると主張した。その際に、彼は当時のスイスで注目を集めていたエコノミストの議論を引き合いに出して、次のように述べた。

　　経済学の分野でも経済の自律性という仮説はますます疑わしくなっており、現在最も広く読まれていると思われる著者ヴィルヘルム・レプケが「現代の社会的危機」という広い枠組みのなかで今日の経済問題を解釈していることは偶然ではない[23]。

　W・レプケ（Wilhelm Röpke）は、19世紀型の自由放任的な古典的自由主義を反省し、自由競争や個人を守る限りにおいて政策的介入を認めた、ドイツの「新自由主義」エコノミストである[24]。彼はナチ党の政権獲得後にトル

23　Krapf, "Die Handels-Hochschule St. Gallen", S. 84.
24　小野清美「オールドー自由主義思想の形成——自由主義の破局からその刷新・再生へ」『土地制度史学』第43巻第3号（2001年4月）、28-37頁、藤本建夫『ドイツ自由主義経済学の生↗

コを経てスイスへ活動拠点を移し、1937 年からはジュネーヴ高等国際問題
研究所教授として勤務する傍ら、スイスの論壇でも活躍していた[25]。戦後に
は、新自由主義者たちの議論の場として「モンペルラン協会」を設立したこ
とでも知られる[26]。

　レプケの議論の特徴は、現状を社会学的に分析し、ナチ・ドイツとソ連社
会の国家・経済体制を「コレクティヴィズム」にもとづくものとして批判し
たことにある。それは、第一次世界大戦以降の社会の「大衆化」と「プロレ
タリア化」を背景に成立した、大多数の大衆を少数のグループが支配する体
制であった。スイスで書かれた著書『現代の社会的危機』（1942 年）は、コ
レクティヴィズムと古典的な自由主義に代わる「第三の道」を提唱してい
る。その内容は、集中に対する分散化、農民的農業や手工業の促進、独立や
集中を阻止する法形成、公正さを保証する市場の監視、計画経済ではなく市
場に適合する範囲での国家による干渉の容認などであった[27]。自然や有機的
な社会関係を重視する立場から、農村と中小企業、農民と職人の存在を重視
し、スイスを理想に近い国家として称揚した本書は、スイスでベストセラー
になるほど大きな反響を呼んだ。

　フンツィカーとクラップもレプケに注目していた。たとえば、先述の『一
般観光論概説』の序文では、レプケの経済学テキストが叙述のスタイルの模
範であると言及され[28]、すでに見たように、クラップも自らの議論でレプケ
を引き合いに出していた。さらに、両者とレプケの間には直接の関係も存在
した。レプケ本人が、1943 年 6 月にザンクト・ガレン商科大学観光講座の

　　誕──レプケと第三の道』ミネルヴァ書房、2008 年。

25　スイスでのレプケの活動については、さしあたり以下を参照。Hans Ulrich Jost, *Politik und
　　Wirtschaft im Krieg: Die Schweiz 1938-1948*, Zürich 1998, S. 145, 197; 藤本『ドイツ自由主義
　　経済学の生誕』、316-422 頁。

26　権上康男「新自由主義の誕生（一九三八〜四七年）」同編『新自由主義と戦後資本主義──欧
　　米における歴史的経験』日本経済評論社、2006 年、3-58 頁。

27　Wilhelm Röpke, *Die Gesellschaftskrisis der Gegenwart*, 6. Aufl., Bern 1979 [1942], S. 288f; 藤
　　本『ドイツ自由主義経済学の生誕』、349-351 頁。

28　Hunziker/Krapf, *Allgemeine Fremdenverkehrslehre*, S. 6-7.

128

「交通と観光の戦後の諸問題」と題する研究会に招かれて講演し、その内容を同講座の叢書に「戦後経済の諸問題——とくに交通と観光を考慮して」と題する論文として寄稿しているのである[29]。このなかで彼は、「より深い意味で、観光の一般経済学的・社会学的役割を研究しようという努力はほとんどなされなかった」と、学問領域で観光が軽視されてきたことを指摘したうえで、近年のスイスにおける観光研究の高揚に注目している[30]。

レプケが本講演で取り上げた議論の一つは、観光と経済秩序をめぐる論点である。それは、スイス観光業の大きな難題であった。1930年代以降の不況にともない、従来スイスへ観光客を送り出してきた諸国は、自国民の外国旅行を規制し、逆に自国内へとどまらせる保護主義的政策をとった。第3章でみたように、スイスは周辺諸国と個別に二国間為替清算協定を締結し、「クリアリング」と呼ばれる二国間決済によって、観光業から生じる支払いも決裁された。観光連盟が諸外国との通商交渉に対応するために設立された経緯があるように、為替管理を強化し国家間の貿易や人的往来を規制する傾向は、国際観光を主とするスイス観光業にとって大きな脅威であった。

このような現状に対してレプケは、戦後に観光業が復興する前提として、自由な国際経済を再建する必要性を主張した。観光は自由な移動や地域間の結びつき、人間同士のつながりを基盤に成り立つものであり、諸国間の経済関係の自由が保障されない限り発展が望めないからである[31]。彼は、1944年11月にもホテル協会の機関誌上で同様の議論を展開している[32]。ここでは、為替管理や人びとの往来の制限を撤廃することが観光振興の前提であ

29　Wilhelm Röpke, "Probleme der Nachkriegswirtschaft unter besonderer Berücksichtigung von Verkehr und Tourismus", in: *Nachkriegsprobleme von Verkehr und Tourismus (Schriftenreihe des Seminars für Fremdenverkehr an der Handels-Hochschule St. Gallen Nr. 4)*, St. Gallen 1943, S. 9-22.

30　Ebd., S. 10.

31　Röpke, "Probleme der Nachkriegswirtschaft unter besonderer Berücksichtigung von Verkehr und Tourismus", S. 17-22.

32　Wilhelm Röpke, "Fremdenverkehr und internationale Wirtschaftsfreiheit I.", in: *Schweizer Hotel-Revue*, Nr. 47, 23. Nov. 1944.

り、スイスのような小国の場合、国際収支のうえで「みえざる輸出」となる
観光の重要性をかんがみればきわめて切実な問題であると指摘する。そのう
えで、戦後の観光業の復興に際しては、第一に国際経済の再建に取り組むべ
きであると主張したのである。

　レプケが観光との関連で取り上げたもう一つの議論は、大衆化への危機感
と対策の必要性という社会秩序に関する論点である。

　レプケは、観光業を第三次産業のなかでも最高のものであるとして、重視
していく必要があると述べている。観光業とは、生産性が向上して大衆の所
得が増大し、国民の生活水準が向上した際に行われる活動であるため、経済
成長につれて重要な意味をもつことになる産業であると論じ、その担い手と
しての中小企業の役割に目を向けるべきであると説いた[33]。先述の講演でも
観光業を含む第三次産業の発展の方向性を展望し、その前提として、中間層
政策、国民経済の脱中央集権化、脱大衆化と脱プロレタリアート化、それに
自立した人間の増加を重視していた[34]。

　このように、「コレクティヴィズム」を批判し、それを克服した先の産業
として観光業に注目していたレプケと、フンツィカーとクラップら観光研究
者との間には、大衆化への批判的視点が共有されているように思われる。そ
れを傍証するのが、同時期のソーシャル・ツーリズムの形成をめぐる議論で
ある。

第3節　「ソーシャル・ツーリズム」をめぐる戦後構想

(1) 戦時中の Reka

　1939年9月1日にドイツがポーランドへ侵攻し、第二次世界大戦が勃発

33　Wilhelm Röpke, *Civitas humana: Grundfragen der Gesellschafts- und Wirtschaftsreform*, 4. Aufl., Bern 1979 [1944], S. 306-307（喜多村浩訳『ヒューマニズムの経済学』勁草書房、1954年、340頁）.

34　Röpke, "Probleme der Nachkriegswirtschaft", S. 16.

した。これにともない、スイスでも開戦直前の8月29日と直後の9月2日に軍隊が動員され、準戦時体制に突入した。同年6月に設立されたばかりのRekaは、事業開始の段階でその存在意義が危ぶまれる事態に陥った。本節では、観光論とソーシャル・ツーリズムの形成との関係を議論する前提として、設立直後のRekaの動向を検討し、その事業継続がいかに正当化されたかを明らかにしたい。

開戦直後の9月28日に開催されたRekaの理事会では、活動の継続に賛成する意見が多数を占めた。観光連盟会長で国民院議員のガフナーは、戦争の長期化によって特に下層に属する国民の購買力が低下すると予想し、Rekaにとってはそうした人びとに安くてよい休暇を手配・助言する義務があると強調した[35]。スイス労働組合総同盟議長で国民院議員（社会民主党）のブラーチも、ガフナーと同様に、戦時中には休日の可能性が減少する一方、その必要性は拡大していくとして、人びとの休日を確保するために、Rekaが活動を継続する必要性を主張した[36]。また、ベルン州立銀行頭取のE・S・シェルツ（Ernst Samuel Scherz）は、Rekaの目的は本来休暇の分散であったが、戦争による前提の変化によって、従来避けるべきとされていた週末旅行にも対応できると指摘する。スイス旅館業協会は、ホテルプランのようなあらゆる階層を対象とする運動を起こすのではなく、労働者階級や職員層を対象とすることを堅持する限りにおいて、事業を継続すべきであると主張した[37]。

理事長のフンツィカーは、Rekaが平時を想定した事業であったことを認めたうえで、事業継続の正当性とそのあり方について問題を提起した。まず、旅行や休暇の必要性が戦争による衝撃の後に切迫化すると予想し、そこで資金の乏しい人びとに向けての事業として継続するべきであること、そし

35 Protokoll der Sitzung der Verwaltung der Schweizer Reisekasse vom 28. September 1939 in: Schweizer Reisekasse, S. 4.

36 Ebd., S. 4-5.

37 Ebd., S. 5.

て、外国人客の減少にともなって、国内の交通機関のために旅行や休暇に関心のある人びとを開拓できる可能性があることを指摘する。そのうえでRekaが戦争という状況に適応すべきであると主張した[38]。一連の議論の結果、最終的には、Rekaを解散する理由はないが、現時点で活動を公にせず、戦争の状況に応じて準備作業を継続することになったのである。

　10月11日にRekaは連邦郵便・鉄道大臣ピレ＝ゴラに対して書簡を送って9月28日の議論の結果を伝え、準備作業の継続と戦時状態への適応を宣言した。そのうえで、資金面での苦境を訴え、1939年末までの運転資金として、連邦政府による11000フランの援助を要請している[39]。

　その後、1940年3月には、いったんRekaの活動開始が決定されるが、5月10日の軍隊再動員により延期される。7月11日の動員の部分解除を経て、本格的な活動の開始は、10月にまでずれこむことになる[40]。

　折しも連邦政府は、国民の休暇取得を促進していた。動員の部分解除の直前の1940年7月1日に、連邦郵便・鉄道大臣E・チェーリオ（Enrico Celio）は、「休暇を取ろう！　労働を創り出そう！」（Macht Ferien! Schafft Arbeit!）と国民に呼びかけた。この呼びかけはRekaにとって事業の後押しになった。同時にRekaは、連邦政府から1939年から1941年にかけて生じた赤字の一部を補填されるなどの支援を受けており[41]、さらに1944年以降は観光事務所を通じて出資を受けることが国民院で認められた[42]。

　Rekaの事業規模は、大戦中一貫して増加していった（表6-1）。チェーリオの呼びかけに呼応するように、1940年代前半のRekaは、休暇旅行を通じての「スイス的価値」の称揚を、パンフレットやRekaを使用したツアーのなかで印刷物や現実の風景を通じて、視覚的に提示することになる。

38　Ebd., S. 3-4.
39　Schweizer Reisekasse an Pilez-Golaz, 11. Okt. 1939, in: Schweizer Reisekasse.
40　*Geschäftsbericht der Schweizer Reisekasse über die Jahre 1939 und 1940*, S. 5.
41　Ebd., S. 12-13.
42　*Geschäftsbericht über das Jahr 1944 der Schweizer Reisekasse*, S. 10-12.

表 6-1　Reka の事業展開（1939-1950 年）

年	加入者数*1	旅行切手の売り上げ（単位：千フラン）	旅行券（単位：千フラン）		加入者*1の出資金（単位：千フラン）	旅行切手の割引額*3（単位：千フラン）	会計（単位：千フラン）			協同組合の資本金（単位：千フラン）	
			換金*2	払い戻し			収入	支出	剰余	Reka	休暇促進基金
1939	—	—	—	—	—	—	6	13	- 7	30	—
1940*4	3,726	72	21	0	50	1	40	64	- 24	37	—
1941	33,252	1,253	809	2	491	32	94	97	- 3	52	—
1942	51,829	2,041	1,627	4	901	104	306	285	21	55	81
1943	72,668	3,277	2,764	6	1,408	87	265	264	1	57	81
1944	92,278	4,793	4,268	8	2,026	138	352	351	1	63	81
1945	118,879	8,141	6,980	11	3,176	260	512	508	4	76	67
1946	133,336	10,719	9,797	11	4,087	333	716	712	4	77	—
1947	138,870	12,042	11,628	10	4,491	397	846	845	1	77	—
1948	148,778	13,791	13,161	24	5,097	447	977	976	1	77	—
1949	148,933	14,659	14,352	59	5,345	479	1,085	1,083	2	78	—
1950	153,891	15,087	14,540	11	5,882	494	1,110	1,109	1	79	—

*1　年末時点。
*2　交通機関、宿泊業、旅行社による。
*3　Reka によって保証された割引額。Reka の補助金よりも 25～43% 高くなる補助金が従業員組合、消費組合、雇用者によって追加で支払われる。
*4　Reka はこの数カ月の間に活動を開始した。
出典：*Statistisches Jahrbuch der Schweiz*, Bd. 59（1950）, S. 163 より作成。

　エーレンシュペルガー、そしてフンツィカーをはじめとする Reka 設立を主導した人びとは、観光振興においては、大衆化の進行という現実を踏まえる必要性を認識していた。このことは、第一次世界大戦前の富裕層中心の観光を志向したホテル協会とは明らかに立場が異なっていた。しかし、自ら戦時中の成長を強調した Reka の観光事業は、戦後につながる順調な発展を遂げたと評価できるのだろうか。

　第二次世界大戦後にクラップは、戦時中の国内観光ブームの存在を指摘し、1940 年夏から発行された、交通機関によるホリデーシーズンの割引切符や国内向けの宣伝がそれに貢献したことを指摘している[43]。戦時中におけ

43　Kurt Krapf, "75 Jahre Schweizer Hotelier-Verein im Lichte der Entwicklung des Fremdenverkehrs", in: Schweizer Hotelier-Verein（Hg.）, *75 Jahre Jubiläum Schweizer Hotelier-Verein*, Basel 1957, S. 14.

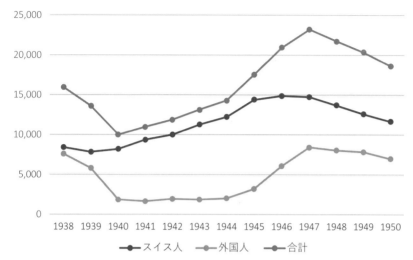

図 6-2　スイスの宿泊数の変遷（1938-1950 年）*（単位：千泊）

* 観光地や大都市以外の場所にあるベッド数 5 台未満の事業所を除く、ホテル、民宿、サナトリウム、療養所（Kuranstalt）。

出典：*Statistisches Jahrbuch der Schweiz*, Bd. 59（1950）, S. 159 より作成。

る宿泊数の変遷からは、開戦初年の 1939 年は別として、スイス人による国内旅行が増加していることを推測できる（図 6-2）。

　一方で、シューマッハが指摘しているように[44]、Reka が戦時中のスイス人による国内観光にどれほど貢献したかは、慎重に考える必要がある。確かに Reka も戦時中に一貫して、加入者数を増加させていることは事実である（表 6-1）。しかし、加入者数と宿泊数で単純な比較はできないものの、後者の規模を考慮すれば、加入者の数はあまりに少なく、Reka が国内観光ブームをけん引したとまではいえないであろう。

　前章でもみたように、Reka はスイス国内の諸団体が協力し、連邦政府にも後援される団体として誕生した。しかし、それはドゥットヴァイラー陣営の『行動』誌が皮肉ったように、Reka が「スイス版歓喜力行団」であった

---

[44] Schumacher, *Ferien*, S. 286-287.

ことを意味するのだろうか。スイスの独自性を称揚した精神的国土防衛の文脈（「スイス的全体主義」）からは、そのような説明も可能かもしれない。

　しかし、社会のなかの協力を前面に掲げた Reka には、歓喜力行団のような統制を主導することはそもそも不可能であり、自由競争を強硬に主張したホテルプランの失敗例を踏まえて、経済的配慮という側面から業界内部の利害を調整しつつ、事業を進めなければならなかった。

　その代表的な事例が、観光業界の「身内」に属するはずのホテル協会との関係である。設立から 1950 年代までの Reka は、観光施設での支払いに利用できる旅行切手の販売とパックツアーの提供を中心に事業を展開していた。それは、あくまでも国内のスイス人観光客を対象とした事業であり、ホテルプランのように、外国人観光客も対象に入れて、団体旅行を組織することはなかった。一方、ホテル協会は、Reka がホテルプランのようにホテルの価格構造を破壊しようとしているのではないかという疑念を抱いており、当初は協力を躊躇していた。ホテル協会は、Reka への参加の前提として、協会の設定する最低価格の保証を何よりも重視していた。特に Reka の設立当初は、最低価格と Reka の扱う事業範囲を問題視していたため、Reka との協定締結を留保している[45]。最終的に、Reka がホテル協会の設定する最低価格を尊重することにしたため、1940 年 1 月に協定締結へいたったのである[46]。

　このように、戦時中の Reka の事業拡大には限界があったことを指摘できる。その一方で、同時期から戦後を意識し、Reka の事業を基盤として、観光に対する新たな構想「ソーシャル・ツーリズム」が議論されるようになる。

45　*SHR*, 9. März 1939, 21. Dez. 1939. ホテル協会による後年の説明として、Krapf, "75 Jahre Schweizer Hotelier-Verein im Lichte der Entwicklung des Fremdenverkehrs", S. 15 を参照。

46　観光連盟の側でも、Reka 設立へ向けてホテル協会に警戒感を抱かせないよう配慮していたことがうかがえる。SFV an die Herren Vorstandsmitglieder des SFV, 20. Apr. 1939, in: Schweizer Reisekasse. 協定締結については、*Geschäftsbericht der Schweizer Reisekasse über die Jahre 1939 und 1940*, S. 5 を参照。

（2）観光論における「ソーシャル・ツーリズム」の形成

　戦争に直面して Reka の存在意義が問われているなかで、新たに誕生した観光論の文脈でも余暇や旅行を社会的に再定義するための議論が展開されていた。その過程で、戦後を展望した「ソーシャル・ツーリズム」が形成されるのである。

　先述したフンツィカーとクラップの共著『一般観光論概説』には、「観光と社会問題」という章が設けられている[47]。その冒頭では、休日と余暇の組織化の一側面として観光を位置づけているが、第一次世界大戦後に労働時間の短縮と有給休暇が実現しつつある状況を踏まえて、「20 年前なら本章は書かれていなかった」と指摘する[48]。

　『一般観光論概説』のこの章では、ドイツ（歓喜力行団）とイタリア（ドーポラヴォーロ）の事例が紹介されるが、その際に各国の事情に応じた政策の実行について以下のように述べられている。

　　経済的に弱い立場にある人びとの旅行や余暇への参加の問題とは、一言でいえば、大衆の往来という問題が国境内に収まらないということである。国民全体の共同体意識の向上に対応した、労働者層の経済的地位向上を目的とする運動の反映として、すべての国がこの問題に対処しなければならない。その際、各国はそれぞれの社会的、政治的な性格に調和した解決策を求めていくことになるだろう[49]。

（下線部は原著の斜体箇所）

　そのうえで、スイス固有の事情が提示される。スイスでは、交通業（Verkehrswirtschaft）が社会的意味での観光の拡大にかかわっており、大衆の旅行の増加とその時間的・地域的集中が新たな課題を提起しているとい

47　Hunziker/Krapf, *Allgemeine Fremdenverkehrslehre*, S. 213-228.

48　Ebd., S. 214.

49　Ebd., S. 225.

う。その課題とは、「経済的に利益の大きい旅行との衝突を避けるように、大衆の旅行を誘導しようとすることにある」[50]。ここにみられるように、観光の社会的普及をめぐっては、社会問題の解決と同時に、観光業に対する経済的配慮が重視されていた。Reka はその手段とされている。具体的には、雇用者と従業員が交通業界と協力し、当局の支援を受けた共同事業であり、群衆旅行（Karawanenreise）ではなく個人旅行を促進し、場所と時期の選択において最大限の自由度を維持する、という点で典型的な「スイス的解決策」とされた[51]。『一般観光論概説』では、前章で述べたように、Reka が貯蓄のシステムや支払い手段として切手を採用したことも説明されている。

　フンツィカーとクラップが観光研究の範囲に含めた観光と社会との関係は、大学の場でも議論されるようになる。ここでは、1943 年から 1944 年にかけて、ザンクト・ガレン商科大学観光講座から刊行された叢書や、同講座の開催した講習会での議論に注目し、戦後を意識した「ソーシャル・ツーリズム」が構想されていく過程を検討する。

　1943 年にクラップは、観光講座の教育活動について扱った論考のなかで、観光講座が市場だけではなく生活の現実から観光現象を理解しようとしているとして積極的に評価し、国内外の観光の現状を理解するうえで、文化や観光の状況を意識する必要があると述べる。その際に、ナチ・ドイツの観光を挙げて、その動向は政治の鏡のなかでしか十分に理解できないとする。さらに、戦争とともに観光に関する教育・研究は社会的な展開を無視することができなくなったとして、観光への労働者層や中間層の参加の増加、つまり民衆ツーリズム（Volkstourismus）の展開を理論的に把握する必要性を指摘している[52]。

　フンツィカーも、1943 年 5 月末に、同じく観光講座が開催した第二回講習会「交通と観光に関する戦後の諸問題」で、「スイスの観光に関する戦後

50　Ebd., S. 226.

51　Ebd.

52　Krapf, "Die Handels-Hochschule St. Gallen als Ausbildungsstätte des Fremdenverkehrs: Studiengang und Studienziele", S. 83-84.

の課題」と題して講演し、そのなかで社会的側面に言及している[53]。彼は、戦争による健康被害が、幅広い階層の保養と治療への参加を必要としていることにふれ、戦後には職業人の休養と力の再生に対する要求を満足させ、観光の基盤を拡大させることになると予想する。具体的には、休暇に関する法律制定や旅行・交通機関の組織化によって実現されるとして、後者については Reka が試みていることを紹介し、さらなる展開が必要であると述べる[54]。また、フンツィカーはイギリスの『ベヴァリッジ報告書』(1942 年 11 月) で提言されている包括的な国民保健サービスの提供に注目し、それに対応した保養地や施設の整備を通じて、観光地としての魅力向上を検討する必要性を指摘している[55]。

　クラップが、広い枠組みのなかで経済を論じたレプケを引き合いに出して、経済の視点からのみでは、1930 年代からのスイス観光業の危機的状況を説明することができないと指摘したように、彼らの議論では社会・文化・政治的側面からの観光の把握が強く打ち出されていた[56]。その文脈から「ソーシャル・ツーリズム」は生まれてくることになる。

　翌 1944 年 11 月 29 日と 30 日に観光講座で開かれた講習会は、「保養と労働力」と題され、観光と社会をめぐる問題が正面から議論された。この講習会では、「ソーシャル・ツーリズム」(Sozialer Tourismus) という表現が登場していることが注目される。講師としては、フンツィカー、ガフナー、ブラーチをはじめとする観光連盟と Reka の関係者に加え、鉄道員連盟や消費組合連盟、湯治場連盟などの幹部たちが登壇している[57]。

53　W. Hunziker, "Touristische Nachkriegsaufgaben der Schweiz", in: *Nachkriegsprobleme von Verkehr und Tourismus (Schriftenreihe des Seminars für Fremdenverkehr an der Handels-Hochschule St. Gallen: 4)*, St. Gallen 1943, S. 69-87.

54　Ebd., S. 85-86.

55　Ebd., S. 86.

56　Krapf, "Die Handels-Hochschule St. Gallen als Ausbildungsstätte des Fremdenverkehrs", S. 84.

57　講演の記録は *Erholung und Arbeitskraft: Referate gehalten anläßlich des vierten Kurses über Fremdenverkehrsfragen des Seminars für Fremdenverkehr an der Handels-Hochschule St.* ↗

　ここでは、観光連盟会長のガフナーによる「国民の健康と国民経済にとってのソーシャル・ツーリズムの意義」を中心に取り上げたい。彼は、ソーシャル・ツーリズムの意味するところは国によって異なるとしつつも、健康回復や労働力の再生を目的とする点では一致するとして、戦後にその必要性が増加すると主張した[58]。

> このように、ソーシャル・ツーリズムの核心は、労働力の維持・回復、すなわち肉体的・精神的・心的な再生、言い換えれば、労働過程の負担を通じて能力が低下した職業人の肉体的・精神的な回復にある[59]。

（傍点は原文の強調箇所）

　ここでソーシャル・ツーリズムの対象となるのは、労働者層や職員層であり、彼らの地位向上を目的としつつも、あまり裕福でない公務員、中小企業の社員、商人も含めている。さらに、ソーシャル・ツーリズムには、文化や政治がかかわることを認めつつ、あくまでも上記のように健康や労働力の再生が主眼にあるとする[60]。

　さらに、ガフナーは欧米諸国の余暇普及策の取り組みを次のように分類する。
　まず、イタリアやドイツの保養に対する取り組みを国家や党との結びつきの強化を目的とした「全体主義的解決」と呼ぶ。そこでは、個人の自由な領域を制限し、家族、さらには集団がそれに取って代わることで解決されるとする。次に、コーポラティズムによる統治形態の国家としてポルトガルを例に挙げ、保養の組織化や民衆ツーリズムの形成において家族が強く考慮され

Gallen am 29. /30. November 1944 in Baden (Schriftenreihe des Seminars für Fremdenverkehr an der Handels-Hochschule St. Gallen, Nr. 7), St. Gallen 1945 を参照。

58　Max Gafner, "Die Bedeutung des sozialen Tourismus für Volksgesundheit und Volkswirtschaft", in: *Erholung und Arbeitskraft*, S. 5-30. なお、ガフナーはこの講演で、「民衆ツーリズム」（Volkstourismus）という用語もソーシャル・ツーリズムと同義で使用している。

59　Ebd., S. 10.

60　Ebd., S. 11-12.

ていることを指摘する。以上の諸国とは区別される権威主義的国家形態の
国々では、国家が監督と施設整備などの支援で満足するのが通例であるとし
て、ルーマニアと旧ポーランドを例に挙げている。興味深いことにアメリカ
合衆国をこの文脈に含めて、ニューディール政策の一環で組織された再定住
局と国立公園保全部隊が、家族連れを対象としたキャンプを整備している事
例を挙げている[61]。

　そして、個人に自由と主導権を与え、民衆ツーリズムの促進を監督や財政
的支援に限定するリベラルな政策を採用している国として、ベルギー、フラ
ンス、イギリス、デンマーク、ノルウェー、スウェーデンを挙げている[62]。

　以上の分類を踏まえて、ガフナーはスイスの状況について、以下のように
述べる。

　　スイスの民衆ツーリズムについては、早くから振興の必要性を感じてい
　　た。外国の諸制度の社会的、経済的価値も認識したが、外国の例を模倣
　　することはわれわれにとって問題になりえないことは自覚していた。む
　　しろ、独自の道を歩み、スイス的解決を追求しなければならないと認識
　　していた。特にスイス人には、大量の往来とこのような課題の国家によ
　　る強制的規制は決して合わないのである[63]。

　ガフナーのいう「スイス的解決」を象徴するのが Reka であった。Reka
は観光関連団体や交通機関に加えて、労働組合や勤労者組合、使用者団体、
消費生活協同組合によって設立され、それに政府が協力する形で事業が進め
られている点に特徴があり、こうした運営体制の構築を「スイス的解決」と
呼んだ。この「スイス的」なソーシャル・ツーリズムにおいては、国家の役
割が財政支援など限定的なものにとどめられ、個人の行動の自由と決定の自

61　Ebd., S. 13-16.

62　Ebd., S. 16-20.

63　Ebd., S. 20.

由が保証されると述べている[64]。

　同じ講習会で講演したフンツィカーも、観光業界の立場からこの「スイス的解決」に言及している。すなわち、それは「国民経済への圧迫を回避する限りにおいて注目に値し、独特なのであ」り、その具体的方策としてのRekaは、歓喜力行団のような団体とは異なり、観光業の利益を侵害しない範囲で事業を遂行するソーシャル・ツーリズム団体であることが強調された[65]。また、Rekaによる独自の施設整備の可能性についても言及はしているものの、あくまでも今後の展開次第であるとして、慎重な姿勢を示している[66]。

64　Ebd., S. 29.

65　Walter Hunziker, "Die Schweizer Reisekasse als soziale Reiseorganisation", in: *Erholung und Arbeitskraft*, S. 101-118, 引用は S. 113.

66　Ebd., 117.

まとめ

　スイスの科学的観光論は、第二次世界大戦中にその制度的基盤を確立した。その中心人物であったフンツィカーやクラップは、戦時中にも戦後を展望した議論を継続していた。その際に議論されたのが、観光振興の前提となる国際経済の開放性と大衆化という問題である。スイスの観光業界は経済・社会の両面で、観光に対する上からの政策的介入を自由な経済環境を保障する範囲に限定しようとした。いわば、レプケの主張した「コレクティヴィズム」への反対姿勢で一貫していたと考えられる。

　観光業界の利益を圧迫することなく大衆化に対応するという、1930 年代以来の課題は、Reka を組織することで一応の完成をみていた。しかし、大戦の勃発によって、Reka の事業の継続とその正当性を改めて示す必要に迫られた。その際に、業界の内側に向けては、団体旅行や施設の価格引き下げという方法を排除することで、ホテル協会をはじめとする業界内の理解を得ることができた。それが科学的観光論の一環として議論される際には、「スイス的解決」という、スイスの固有性を前面に出して正当化されたのである。

終章

　本書では、20世紀前半のスイスに焦点をあて、国際環境の変化や社会の大衆化に対する観光業界の対応を検討してきた。その際に、序章の冒頭で言及した「観光革命」による時代区分を相対化し、第一次世界大戦前から1940年代前半までを、戦後のマス・ツーリズムを準備する過渡期して把握することを試みた。現象としてのマス・ツーリズムは1960年代以降の北半球で生じたが、この過渡期の時代のスイスでは、大衆化への問題意識が深化し、戦後の西欧諸国でマス・ツーリズムを促進することになる具体的な対応策が構想されていたのである。以下、各章の内容を振り返ったうえで総括し、今後の課題を展望したい。

　第1章では、スイスにおいて観光業が形成される背景について、宿泊業界の動向に注目して明らかにした。19世紀後半から第一次世界大戦までの時期に、スイス観光業はアルプス地域を中心に大きく発達し、交通機関や宿泊施設などのインフラ整備が急速に進んだ。そのなかで全国レベルの組織化を実現し、観光業の振興を主導したのがスイスホテル協会であった。ホテル協会は、観光業がその経済的プレゼンスにふさわしい位置を確保するべく、観光業界のなかでもいち早く組織化したのである。1914年のスイス内国博覧会は、ホテル協会に代表される宿泊業界が、スイス経済における観光の重要性を国民に広くアピールする場になった。ホテル協会がホテル供給の過剰という業界の課題を自覚し、観光業をより積極的に振興する必要性を認識していたことは事実である。しかし、ホテル協会の姿勢は、あくまでも19-20世紀転換期の観光業、すなわち、外国人富裕層を主たる対象とした観光を理想とするものであり、観光業の変革につながる展望を示すものではなかった。

戦争や不況といった危機に直面してからも、ホテル協会は宿泊業界の個別利害にこだわり、連邦政府にホテルの新規建設の規制や金融面での支援を求めたのである。

第2章では、観光業界と連邦政府による観光振興に対する姿勢を明らかにするため、観光宣伝組織の形成過程に注目した。20世紀初頭の観光業界で危機感の高まっていた、周辺諸国との競争の激化と、それに続く第一次世界大戦による状況の悪化は、連邦政府に対し、より積極的な観光政策の実施を迫ることになった。ここでも宿泊業界が実質的な観光業の利益代表として、観光宣伝組織の設置を構想し、1917年にスイス観光事務所として実現することになる。そこへいたる過程を検討すると、連邦政府というよりは、実質的に業界団体が全国レベルの観光振興を主導する姿がみえてくる。第1章でも検討したとおり、連邦政府は業界団体の要求に応じる限りでしか観光に関与することがなかった。それは、観光宣伝組織の設置についてもあてはまる。しかも、連邦鉄道宣伝部との業務重複など、観光事務所は組織的基盤が脆弱なまま放置され、組織再編による抜本的解決は1930年代末まで先送りにされた。連邦政府も、第一次世界大戦後の状況の変化に対応した新たな観光像を主体的に模索することはなかったのである。

第3章では、1930年代におけるスイス観光業の組織化とその影響を検討した。宿泊業界の動向にみられるように、19-20世紀転換期における観光業の成功体験は、第一次世界大戦に直面しても、中間層以下の社会層や国内観光客の開拓への関心を低いものにした。戦後の1920年代における観光業の復興は、こうした傾向をさらに推し進めた。そのことは、戦間期のホテル協会が、依然として宿泊業界に偏った保護策を連邦政府へ求め続けたことにもうかがえる。スイスでは、業界団体が経済政策に与える影響が大きく、戦間期にはその傾向が強まっていた。観光政策についてもそれは該当し、連邦政府はホテル協会の要求に応じる形で、自ら構想を主導することはなかった。1930年代になるとようやく業界団体の側で変化が起こる。観光業が世界恐慌にともなう危機的状況に見舞われると、西ヨーロッパ諸国の富裕層を対象

とする国際観光振興の限界が意識されるようになったのである。1932年に
新たに組織されたスイス観光連盟は、宿泊業界などの個別の業界利益を越え
ることで発言力を増した。その提言の範囲は観光宣伝にとどまらず、観光振
興にかかわる通商政策、交通政策、さらには教育政策など、幅広いものであ
り、観光業界全体を包括した。しかし、観光連盟は、設立当初の時点では、
中間層以下への観光の浸透を図る、大衆化を視野に入れた対策には、いまだ
慎重なままであった。

　第4章では、1935年に設立されたホテルプラン協同組合による観光事業
に焦点をあてた。ホテルプランでは、創業者ドゥットヴァイラーが小売業で
の自身の経験を応用し、観光の大衆化を積極的にとらえて幅広い階層へ旅行
の機会を提供した。彼の唱える「安価なスイス」は、それまでのスイス観光
像を一変させる可能性を秘めていたため、スイスの観光業界に強い衝撃と反
発を引き起こした。この団体を媒介にして、観光業界内では、大衆化への問
題意識が急速に深まっていくのである。ホテルプランの事業は、第二次世界
大戦後のマス・ツーリズムの展開を先取りしたものとしても評価できる。し
かし、ホテルプランは所期の構想で強調された、観光業界全体を巻き込む事
業展開に成功することなく、結局はドゥットヴァイラーの「一匹狼」的な活
動に終始した。ただし、観光業界は、ホテルプランを単純に拒絶しただけで
はなかった。「安価なスイス」をめぐる議論は、19世紀以来のスイス観光の
あり方を見直し、国内外で進行する大衆化への対応を業界の重要課題として
とらえる契機になった。この時期から、観光を経済部門としてだけでなく、
社会や政治にかかわる問題として把握する流れが生まれてくるのである。

　第5章では、ホテルプランとの「安価なスイス」をめぐる対立を経て、観
光連盟が余暇・旅行団体スイス旅行公庫協同組合（Reka）の設立を主導し
ていく過程を検討した。Rekaは現在、資金面などで制約のある人びとに旅
行を支援する、ソーシャル・ツーリズムの代表例として評価されている。
Rekaは、観光業界にとどまらず、労働組合や経済界の協力、それに連邦政
府の後援を受けるなど、社会全体で旅行を支援する体制がつくられた。ま

た、事業内容においては、労働者層や中間層を対象とする旅行割引の仕組み
を構築し、設立当初より社会事業を志向していた。これは、同時代ドイツの
歓喜力行団など、周辺諸国での余暇普及の試みからも刺激を受けていた。し
かし、その設立過程からみえてくるのは、スイス固有の事情である。特に、
エーレンシュペルガーやフンツィカーといった観光連盟の当事者たちは、理
念的には社会の各界との協力を通じて、観光の大衆化に対応することで、ス
イス社会の安定に資することをめざした。ただし、Reka の事業では、手ご
ろな価格の団体旅行を取り入れたホテルプランのやり方を排除して、あくま
でも個人旅行を基本としていたことから、「安価なスイス」を警戒するホテ
ル協会など、観光業界の利害に抵触しないように腐心していたことがうかが
える。Reka は、観光にかかわるさまざまな組織が協力したという意味で、
確かに「スイス的」旅行団体であったといえるが、それゆえに運営には一定
の制約がともなうことになったのである。

　第 6 章では、第二次世界大戦中に体系化、制度化していくスイスの科学的
観光論を手がかりとして、観光連盟に属したフンツィカーやクラップらによ
る、戦後を展望した観光構想の内容を検討した。戦争の勃発は、観光業界に
とって、第一次世界大戦や世界恐慌に続いて、再び沈滞の時代の到来を意味
した。それと同時に、フンツィカーやクラップにとっては、戦後に向けた観
光のあり方を模索する「準備の時代」でもあった。彼らは 1942 年に『一般
観光論概説』を著し、観光論で扱う対象を経済の領域にとどめず、社会・政
治・文化の諸問題を広く視野に入れた。戦時中にはそうした論点について、
大学を舞台に議論が深められていった。その過程で、エコノミストのレプケ
とも共鳴する、国際経済の開放性と大衆化という二つの論点が見出されてい
た。両者に共通するのは、観光に対する上からの政策的介入を限定的にとら
える立場である。特に後者に関しては、スイスの固有性を強調する形で
「ソーシャル・ツーリズム」が構想され、Reka がその担い手として、再定義
されることになったのである。

　すでに先行研究が明らかにしているように、1930 年代のスイスでは、19

世紀後半以来の観光モデル、つまり外国人富裕層の旅行様式を前提とした高水準の観光の維持が限界に達し、観光業界は社会的・経済的変動と向き合って新たな方向性を打ち出す必要に迫られていた。もはや、宿泊業界の保護や観光宣伝の拡充といった従来の方策だけでは、抜本的解決が望めなくなったのである。観光をめぐるさまざまな変動のなかでも、業界の内外でとりわけ大きな議論を巻き起こしたのが、大衆化への対応であった。1930年代スイスの観光業界は、まさに大衆化と差別化をめぐるせめぎあいのなかにいた。

　ドゥットヴァイラーによるホテルプランなどの取り組みは、いわゆる「エリート層」と「大衆」の間の社会的区別を破壊し、中間層以下が観光旅行に参加できるようにするという、観光業の復興と大衆化を結びつけたものであった。それに対し、観光業界が主導して設立したReka は、確かに理念面では社会階層間の宥和を象徴する団体として、休暇旅行の社会的普及を掲げていた。ただし、観光業界の発想は、大衆化による団体旅行の増加が従来の高水準の観光を破壊することへの恐れに根差していた。むしろ、Reka の目的は、旅行様式においてホテルプランとは大きく異なり、大衆化に配慮しつつも個人旅行に重点を置いて、いわゆる「エリート層」向けの観光とのすみ分けを維持することにあった。

　第二次世界大戦後の1950年代以降には、戦後復興にともない、西側諸国で観光の大衆化が急速に進んでいく。フランスや西ドイツなど、西ヨーロッパ諸国では、労働組合や旅行団体に組織されたソーシャル・ツーリズムが隆盛を迎えた。しかし、1960年代以降、経済が高度成長を遂げると、大衆向け旅行商品を豊富に取りそろえた商業ツーリズムがそれに取って代わっていく。ソーシャル・ツーリズム諸団体は、商業ツーリズムとの差異化が困難となり、衰退していった。それに対し、スイスのReka は、現在もスイス社会で一定の存在感を保ち、事業を継続している。

　現在のスイスが観光国としての水準を維持し続けているなかで、Reka に代表されるソーシャル・ツーリズムが定着しているという事実は、1930年代以降の歴史的展開の帰結として説明できるのではないか。観光業界は、

Reka の設立にあたり、「労使間平和」を理念に掲げてスイス社会全体の協力関係を構築しつつ、観光業界内部の利害関係への配慮を余儀なくされたことで、社会事業と商業ツーリズムとの両立を可能にした。その事業形態も、団体旅行の組織化ではなく、個人を対象にした交通機関や観光地での支払い手段（旅行切手と旅行券）の提供を主たる内容とした。つまり、大衆化への対応に迫られて、高水準の観光との両立を模索した苦肉の策が、商業ツーリズムと競合しない、スイス固有のソーシャル・ツーリズムの構築につながったのである[1]。

　結びにあたり、本書で議論できなかった点を踏まえて、これからの研究の方向性について、簡単に展望しておきたい。

　第一に、ホテル協会に代表される外国人富裕層を対象にした高級観光を代表する側の動向をより詳しく論じる必要がある。1930 年代以降、観光連盟を中心として、観光業を高水準に保ちながら、新たな需要に対応する努力がなされてきた。第 3 章で検討した、交通インフラの整備、宿泊施設の多様化、観光宣伝の集約化、それに、教育機関を通じた人的資源の向上などが挙げられよう。これらの点に着目し、いかなる振興策が現在まで高水準の観光地としての地位を維持させたのかについて解明したい。第二次世界大戦後のスイス観光業も、大衆化と差別化という問題には絶えず直面したはずであり、高水準の維持と大衆化の受容という、一見矛盾する課題を両立させた論理について、観光業界をとりまくさまざまなアクターの諸関係から、より精緻に読み解いていきたい。

　第二に、第二次世界大戦後の Reka の動向と他国の事業との関係に着目し、ソーシャル・ツーリズムが戦後の西ヨーロッパで確立した背景を明らかにしたい。Reka 設立の中心人物であるフンツィカーは、1951 年にソーシャル・ツーリズムを体系化する著書を刊行した[2]。また、1956 年には、西欧諸国の

1　第二次世界大戦後の Reka は、独自に休暇村を建設しているが、国際的に有名な観光地とは別の場所で整備している。

2　Walter Hunziker, *Social Tourism : its Nature and Problems*, Bern 1951（抄訳として、田中↗

代表から構成される国際会議として、第 1 回ソーシャル・ツーリズム大会が
ベルンで開催された後、1963 年には国際ソーシャル・ツーリズム事務局が
設立され、フンツィカーが初代会長を務めた。商業ツーリズムの利益擁護と
いう背景から出発した Reka をはじめとするスイスの事業と構想が、戦後西
ヨーロッパのソーシャル・ツーリズムの普及に与えた影響を今後追究してい
きたい。

　第三に、第二次世界大戦中のスイスにおける観光のあり方をめぐる模索が
戦後世界の観光振興に与えた影響を検討したい。観光論の提唱者であるフン
ツィカーとクラップは、戦後にヨーロッパの観光学界の中心人物として活躍
しただけでなく、ヨーロッパ経済協力機構（OEEC、のち OECD）や国連を
はじめとする国際機関を舞台として、戦後の国際観光政策に影響を与える立
場にいた。奇しくも、クラップは 1963 年 9 月 4 日にローマで開催された第
1 回国連観光会議へ向かう途上、飛行機事故で他界している[3]。フンツィカー
が追悼文のなかで、クラップを「経済への政策的介入を認める穏健自由主義
者」と評したのは示唆的である[4]。第 6 章で取り上げた新自由主義者レプケ
と彼らとの接点を意識しつつ、戦時中から戦後にかけての連続性という観点
から、戦後世界の観光振興においてスイスの観光論が与えた影響を解明して
いきたい。

　喜一訳『ソーシアル・ツーリズム』観光総合研究所、1960 年がある）.

3　Akoglu, "A portrait of Kurt Krapf", p. 506.

4　Walter Hunziker, "Dem Freund und Gefährten", in: Schweizerischer Fremdenverkehrsverband
　（Hg.）, *Im Memoriam Prof. Dr. Kurt Krapf*, S. 9.

あとがき

　本書の原型は、2012 年度に大阪大学へ提出した博士論文「マス・ツーリズムをめぐる葛藤——1930 年代スイス観光業の危機と再編」である。終章を除く、本書の各章の叙述は、既発表の論文に加筆・修正を施したものである（初出一覧参照）。

　本書にかかわるこれまでの研究では、以下の助成を受けることができた。関係の諸機関に記して深く感謝する。大阪大学グローバル COE プログラム「コンフリクトの人文学国際研究教育拠点」大学院生調査研究助成（第 3 次）（2009 年度）、旅の文化研究所第 17 回公募研究プロジェクト（2010 年度）、大阪大学大学院文学研究科卓越した大学院拠点形成支援補助金「文化形態論研究に向けた国内外派遣プログラム」（2012 年度）、JSPS 科研費 JP25883004（2013〜14 年度）、JSPS 科研費 JP17K13307（2017〜22 年度）。

　本書に関する史料調査に際しては、主として以下の諸機関のお世話になった。深謝申し上げる。大阪大学附属図書館、関西大学総合図書館、スイス連邦文書館、スイス旅行公庫協同組合、バーゼル大学経済図書館（スイス経済文書館）、ベルリン工科大学観光歴史アーカイブ、ベルン大学図書館。

　また、研究の過程では、観光学術学会、九州史学会、近代社会史研究会、スイス史研究会、西洋近現代史研究会、ドイツ現代史研究会、日本西洋史学会大会、広島史学研究会、ワークショップ西洋史・大阪（大阪大学西洋史学会）などの場で報告の機会を得た。参加者の方々には、多くの有益なコメントをいただいたことに厚く御礼申し上げる。

　スイス史のなかに観光の近現代を読み解こうとした本書の構想は、最初から一貫していたわけではない。博士後期課程で研究に着手した当初の問題関心は、「観光大国」とも形容されるスイス（特に連邦政府）の観光政策がいかなるものかを探ることにあった。しかし、研究を進めるにつれて、少なくとも本書の対象時期については、連邦政府による戦略的な観光政策なるもの

は想定できず、業界団体の役割に注目すべきであると認識を改めた。同時に、そこにスイス現代史との接点があることにも気づいた。残された課題は多いが、従来スイス史の文脈で論じられることの少なかった、観光業の歴史的意義が少しでも伝われば、これにまさる喜びはない。

　2022 年現在も続いている新型コロナウイルスの世界的流行は、グローバルな規模で人の移動が遮断・制限されるという、予期せぬ事態を招いた。それが観光業に与えた衝撃は計り知れないものがある。20 世紀前半のスイスとは大きく事情が異なるとはいえ、危機の時代の観光像を考えるうえで、本書が何らかの示唆を与えることができれば幸いである。

　本書の成果はあまりにささやかなものだが、ここへいたるまでには多くの方々の支えなしには不可能であった。すべての方のお名前を挙げることはできないが、以下に記して感謝の意を表したい。

　歴史への漠たる関心から進学した関西大学文学部史学・地理学科では、芝井敬司先生（現学校法人関西大学理事長）の授業をきっかけに、歴史学の面白さに目覚めた。芝井先生には、筆者のスイス史に対する興味関心を学問として昇華できるよう懇切なご指導を賜り、研究者志望の筆者の背中を押していただいた。朝治啓三先生（現関西大学名誉教授）には、ゼミ生ではない筆者に対しても、研究会の場で熱心にご指導いただいた。

　大阪大学大学院に進学後は、西洋史学研究室で多くの学恩に恵まれた。指導教員をお引き受けいただいた竹中亨先生（現独立行政法人大学改革支援・学位授与機構特任教授、大阪大学名誉教授）は、日本の西洋史学の存在意義について鋭く問題提起されており、大学院生に対しても研究の背景にある問題意識を明確にするよう常に求められた。大学院在学中から現在にいたるまで、研究者としてのあり方をさまざまな形でお示しいただいたことは、筆者の大きな糧になっている。副指導教員の藤川隆男先生には、特に博士論文作成時に懇切なご助言を賜ったほか、翻訳書や一般書の執筆にお誘いいただくなど、筆者の視野を広げてくださった。研究室の教員と大学院生が一堂に会

する「院ゼミ」では、川北稔先生（現大阪大学名誉教授）、江川温先生（現大阪大学名誉教授）、秋田茂先生、中野耕太郎先生（現東京大学教授）、栗原麻子先生より厳しくも温かいご指導を賜った。歴代の助手・助教の皆様は、弱気になりがちな筆者をおりにふれて励ましてくださった。

　大学院入学後は、学外でも多くの先生方にご指導いただいた。日本のスイス史研究を先導してこられた森田安一先生は、スイス史研究会に突然おしかけた筆者を温かく迎えてくださり、岩井隆夫先生、踊共二先生をはじめとするスイス史研究者と交流する機会をいただいた。大津留厚先生には、幾度も研究・進路の相談に乗っていただいたほか、ハプスブルク史研究の立場から、筆者のスイス史研究の方向性について、多くのご助言を賜った。現在も定期的に参加しているドイツ史の研究会では、谷口健治先生、南直人先生、北村昌史先生、進藤修一先生、爲政雅代先生より懇切なご指導、ご鞭撻を頂戴している。

　博士後期課程進学後は、スイス政府奨学金留学生としてベルン大学に留学する機会を得たほか、複数回にわたり史料収集のためスイスとドイツに滞在した。留学時にはC・M・メルキ（Christoph Maria Merki）先生（元ベルン大学助教授）に、筆者の研究が順調に進むよう温かいご配慮をいただいた。B・シューマッハ（Beatrice Schumacher）先生には面談の機会をいただき、拙いドイツ語で質問する筆者に辛抱強くご助言をいただいた。ベルリン工科大学のH・シュポーデ（Hasso Spode）先生には、史料や図書の閲覧を快くお認めいただいたほか、筆者の研究の進展を励ましていただいた。

　博士後期課程修了後は、複数の大学で非常勤講師を務めることで、教員として経験を積む機会に恵まれた。また、秋田先生と桃木至朗先生（現大阪大学名誉教授）には、大阪大学歴史教育研究会にお誘いいただき、高大連携活動に携わることができた。2016年から2年間は、大阪大学の助教として、西洋史学研究室の先生方をはじめとする文学研究科教職員の皆様より、大学教員としてのあり方をご教導いただいた。

　これまでに学界の先輩・同輩・後輩の皆様からいただいた刺激は数えきれ

ないほどである。とりわけ、石田真衣、乾雅幸、入江幸二、岩﨑佳孝、上田耕造、木谷名都子、酒井一臣、紫垣聡、津田博司、堀内真由美、水田大紀、村上宏昭、安井倫子の諸兄姉には、大学院在籍中より身近な研究仲間として親しくお付き合いいただいている。

2019年からは母校関西大学にて、研究と教育の両面で恵まれた環境を与えていただいている。所属する文学部、とりわけ世界史専修の先生方のご厚誼に感謝申し上げるとともに、関大の発展に微力ながら貢献できることを願っている。

本書は、関西大学出版部の2022年度「研究成果出版補助金規程」にもとづいて刊行される。申請に際してご尽力いただいた、関西大学文学部の関肇先生、中村仁志先生、嶋中博章先生に厚く御礼申し上げる。また、関西大学出版部の柳澤佳子さんと桃夭舎の高瀬桃子さんには、編集の過程で多岐にわたるご指摘やご助言をいただいた。もちろん、残された誤りの責任は筆者にある。

最後に私事にわたるが、これまで筆者の研究を支援してくれた両親に本書をささげることをお許しいただきたい。

2022年9月1日　千里山にて

森本　慶太

付記

本研究の一部は、2021年度関西大学若手研究者育成経費において、研究課題「ヨーロッパ戦後復興における観光分野の国際協力」として研究費を受け、その成果を公表するものである。

初出一覧

・序章：「近代スイス観光史研究の課題と展望——大衆化と観光業をめぐる試論」『関西大学文学論集』第 70 巻第 3 号（2020 年 12 月）、73-91 頁。

・第 1 章・第 2 章：「1910 年代スイスにおける観光政策の形成——ホテル業界と観光局の設立」『二十世紀研究』第 12 号（2011 年 12 月）、21-38 頁。

・第 3 章：「1930 年代スイスにおける観光業の危機と再編——スイス観光連盟の設立と事業内容を中心に」『パブリック・ヒストリー』第 14 号（2017 年 2 月）、1-16 頁。

・第 4 章：「両大戦間期スイスにおける観光業の危機と革新——ホテルプラン協同組合とマス・ツーリズム」『待兼山論叢』第 44 号史学篇（2010 年 12 月）、61-85 頁。

・第 5 章：「現代スイスにおけるソーシャル・ツーリズムの誕生——スイス旅行公庫協同組合の設立（1939 年）とその背景」『旅の文化研究所研究報告』第 21 号（2011 年 12 月）、49-58 頁。

・第 6 章：「第二次世界大戦期スイスにおける『観光論』の形成——W・レプケとの関係性を手がかりに」『ゲシヒテ』第 11 号（2018 年 4 月）、31-40 頁。

・終章：書き下ろし

史料・文献目録

未公刊史料

Schweizerisches Bundesarchiv

  E57 Fremdenverkehr, 1895-1927.

  E8100（B）1972/28, 728 Hotel-Plan 1935-1946.

  E8100（B）1972/86, 703 Schweizer Reisekasse.

Archiv Reka

  Faszikel vor der Gründung.

  Protokolle der Verwaltung 1939-1945.

  Protokolle der Generalversammlung 1939-1945.

定期刊行物

Basler Nachrichten.

Neue Zürcher Zeitung.

Schweizer Hotel Revue.

Die Tat.

刊行史料

Bericht über Handel und Industrie der Schweiz im Jahr 1935, erstattet
  vom Vorort des Schweizerischen Handels- und Industrie-Vereins.

Botschaft des Bundesrates an die Bundesversammlung betreffend die
  Beteiligung des Bundes an der Errichtung eines Schweizerischen
  Verkehrsamtes vom 16. März 1917, in: *Bundesblatt 1917*, Bd. 1, S.
  375-404.

Bericht des Bundesrates an die Bundesversammlung betreffend
  Subventionierung der schweizerischen Verkehrszentrale durch den
  Bund vom 23. Juli 1924, in: *Bundesblatt 1924*, Bd. 2, S. 653-669.

Botschaft des Bundesrates an die Bundesversammlung betreffend Hilfsmassnahmen des Bundes zugunsten des notleidenden Hotelgewerbes (vom 8. Aug. 1932), in: *Bundesblatt 1932*, Bd. 2, S. 341-373.

Botschaft des Bundesrates am die Bundesversammlung über die Schaffung einer Schweizerischen Zentrale für Verkehrsförderung vom 17. Januar 1939, in: *Bundesblatt 1939*, Bd. 1, S. 61-84.

Genossenschaft «Hotel-Plan» Zürich, *Geschäftsbericht, 1935-1940*.

―――, *Statuten*, 1935.

Geschäftsbericht der Schweizer Reisekasse über die Jahre 1939 und 1940.

Geschäftsbericht über das Jahr 1944 der Schweizer Reisekasse.

Motion von Herrn Nationalrat Seiler und Mitunterzeichnern, vom 4. April 1911, in: *Amtliches Stenographisches Bülletin der schweizerische Bundesversammlung*, 21 (1911), S. 319-325.

Nationale Vereinigung zur Förderung des Reiseverkehrs, *Protokoll der konstituierenden Generalversammlung am 28. Nov. 1917*.

―――, *Jahresbericht (1932)*.

Referate an der Generalversammlung des Schweizerischen Fremdenverkehrsverbandes vom 30. Oktober 1943 in Neuenburg und Tätigkeitsbericht 1942/43 des Schweizerischen Fremdenverkehrsverband (Publikationen des Schweizerischen Fremdenverkehrsverbandes: 19), Bern 1944.

Schweizerischer Fremdenverkehrsverband, Statuten genehmigt von der Generalversammlung vom 29. September 1932.

Schweizerischer Fremdenverkehrsverband 1932/33.

Schweizerischer Fremdenverkehrsverband, *Tätigkeitsbericht über das Jahr 1935*.

―――, *Tätigkeitsbericht über das Jahr 1937/1938*, Zürich 1938.

Statistisches Jahrbuch der Schweiz, Bd. 59 (1950).

Zehn Jahre Schweizerischer Fremdenverkehrsverband: Referate an der Generalversammlung 1942 des Schweizerischen Fremdenverkehrsverbandes mit anschließendem Tätigkeitsbericht 1941/42 (Nr. 18 der Publikationen des Schweizerischen Fremdenverkehrsverbandes), Zürich 1942.

Zentralbureau des Schweizer Hotelier-Vereins (Hg.), *Zur Erinnerung an die Schweizerische Landesausstellung Bern 1914*, Basel 1915.

同時代文献

Duttweiler, Gottlieb, *Der Hotel-Plan: Sportgeist in der Wirtschaft*, Zürich 1935.

————, *Ein Sofortprogramm zur gleichzeitigen Belebung der Hotellerie und der Verkehrsanstalten* (Schriftenreihe der Unabhängigen Bewegung 1), o. O. o. J. [1937].

Egger, Victor, *Strukturwandlungen in der Schweizer-Hotellerie*, Diss., Bern 1935.

Ehrensperger, Fritz, "Probleme und Aufgaben der schweizerischen Fremdenverkehrspolitik", in: *Sonderabdruck aus der Festgabe für Ernst Scherz, Direktor der Kantonalbank von Bern, zum 60. Geburtstag*, Zürich 1937, S. 1-30.

Erholung und Arbeitskraft: Referate gehalten anläßlich des vierten Kurses über Fremdenverkehrsfragen des Seminars für Fremdenverkehr an der Handelshochschule St. Gallen am 29. /30. November 1944 in Baden (Schriftenreihe des Seminars für Fremdenverkehr an der Handels-Hochschule St. Gallen, Nr. 7), St. Gallen 1945.

Gafner, Max, "Die Bedeutung des sozialen Tourismus für Volksgesundheit und Volkswirtschaft", in: *Erholung und Arbeitskraft (Referate gehalten anlässlich des vierten Kurses über Fremdenverkehrsfragen des Seminars für Fremdenverkehr an der Hochschule St. Gallen am 29./30. November 1944 in Baden)* *(Schriftenreihe des Seminars für Fremdenverkehr Bd. 7)*, St. Gallen 1945, S. 9-30.

Gasser, Elsa F., "Hotel-Plan", in: Schweizerische Gesellschaft für Statistik und Volkswirtschaft (Hg.), *Handbuch der Schweizerischen Volkswirtschaft*, Bd. 1, Bern 1939, S. 600-601.

Glücksmann, Robert, *Allgemeine Fremdenverkehrskunde*, Bern 1935 (『観光事業概論』国際観光局、1940 年).

Gölden, Hubert, *Strukturwandlungen des schweizerischen Fremdenverkehrs 1890-1935*, Diss., Zürich 1939.

Hunziker, Walter, "Touristische Nachkriegsaufgaben der Schweiz", in: *Nachkriegsprobleme von Verkehr und Tourismus (Schriftenreihe des Seminars für Fremdenverkehr an der Handels-Hochschule St. Gallen: 4)*, St.Gallen 1943, S. 69-87.

―――, "Die Schweizer Reisekasse als soziale Reiseorganisation", in: *Erholung und Arbeitskraft (Referate gehalten anlässlich des vierten Kurses über Fremdenverkehrsfragen des Seminars für Fremdenverkehr an der Hochschule St. Gallen am 29./30. November 1944 in Baden) (Schriftenreihe des Seminars für Fremdenverkehr Bd. 7)*, St. Gallen 1945, S. 101-118.

―――, *Social Tourism: its Nature and Problems*, Bern 1951 (田中喜一訳『ソーシアル・ツーリズム』観光総合研究所、1960 年).

―――/Kurt Krapf, *Grundriss der Allgemeinen Fremdenverkehrslehre (Schriftenreihe des Seminars für Fremdenverkehr an der Handels-Hochschule St. Gallen / hrsg. von W. Hunziker: Nr. 1)*, Zürich 1942.

Koller, A., "Entwicklung und Umfang des Fremdenverkehrs in der Schweiz", in: *Zeitschrift für schweizerische Statistik und Volkswirtschaft*, 77 (1941), S. 40-64.

Krapf, Kurt, "Die Handels-Hochschule St. Gallen als Ausbildungsstätte des Fremdenverkehrs: Studiengang und Studienziele", in: W. Hunziker et al, *Kurort Kurdirektor Verkehrsdirektor: Ein Beitrag zur Institutionenlehre des Fremdenverkehrs und zur Abklärung von Wesen und Funktionen des Fremdenverkehrsortes sowie der Stellung, Aufgaben und Ausbildung seiner Organe (Schriftenreihe des Seminars für Fremdenverkehr an der Handels-Hochschule St. Gallen: 3)*, St. Gallen 1943, S. 75-88.

Röpke, Wilhelm, "Probleme der Nachkriegswirtschaft unter besonderer Berücksichtigung von Verkehr und Tourismus", in: *Nachkriegsprobleme von Verkehr und Tourismus (Schriftenreihe des Seminars für Fremdenverkehr an der Handels-Hochschule St. Gallen Nr. 4)*, St. Gallen 1943, S. 9-22.

——, *Civitas humana: Grundfragen der Gesellschafts- und Wirtschaftsreform*, 4. Aufl., Bern 1979 [1944] (喜多村浩訳『ヒューマ ニズムの経済学』勁草書房、1954 年).

Schweizerischer Fremdenverkehrsverband (Hg.), *Der Fremdenverkehr in der Schweiz: Vorträge, gehalten anläßlich des I. Schweizerischen Kongresses für Touristik und Verkehr in Zürich (30. März bis 2. April 1933) = Le tourisme en Suisse: Conférences prononcées à loccqsion du Ier Congrès suisses du tourisme à Zurich (30 mars - 2 avril 1933)*, o. O., [1933].

—— (Hg.), *Der Fremdenverkehr in der Schweiz: Reden, Vorträge und Diskussionsvoten, gehalten am Schweizerischen Verkehrskongress 1934 in Bern (25. bis 27. Mai 1934) = Le tourisme en Suisse: discours, conférences et rapports du Congrès suisse du tourisme 1934 à Berne (25 à 27 mai 1934)*, o. O., [1934].

—— (Hg.), *Dr. Fritz Ehrensperger zum Gedächtnis*, Zürich 1938.

Thiessing, R., "Verkehrswerbung", in: Schweizerischen Gesellschaft für Statistik und Volkswirtschaft (Hg.), *Handbuch der schweizerischen Volkswirtschaft*, Bern 1939, S. 468-471.

欧語二次文献

Abplanalp, Walter, "Sozialtourismus: sein Ursprung und der schweizerische Weg", in: *Fremdenverkehr in Theorie und Praxis: Festschrift für Walter Hunziker*, Bern 1959, S. 11–40.

———, "Die Schweizer Reisekasse: Ein Werk sozialer Zusammenarbeit", in: Schweizer Reisekasse (Hg.), *Aus der Praxis des Sozialtourismus: Festschrift zum fünfundzwanzigjährigen Bestehen der Schweizer Reisekasse*, Bern 1965, S. 26–32.

Akiyama, Yoko, *Das Schachtverbot von 1893 und die Tierschutzvereine: Kulturelle Nationsbildung der Schweiz in der zweiten Halfte des 19. Jahrhunderts*, Berlin 2019.

Akoglu, Tunay, "A portrait of Kurt Krapf", in: *Anatolia: An International Journal of Tourism and Hospitality Research*, 26–3 (2015), pp. 506–509.

Baranowski, Shelley, *Strength through Joy: Consumerism and Mass Tourism in the Third Reich*, Cambridge 2004.

Berghoff, Hartmut, "From Privilege to Commodity?: Modern Tourism and the Rise of the Consumer Society", in: Hartmut Berghoff/Barbara Korte/Ralf Schneider/Christopher Harvie (ed.), *The Making of Modern Tourism: the Cultural History of the British Experience, 1600-2000*, Basingstoke 2002, pp. 159–179.

Bernard, Paul P., *Rush to the Alps: The Evolution of Vacationing in Switzerland*, Boulder/New York, 1978.

Bratschi, Robert, "Die Schweizer Reisekasse in Staat und Witschaft", in: Schweizer Reisekasse (Hg.), *Aus der Praxis des Sozialtourismus: Festschrift zum fünfundzwanzigjährigen Bestehen der Schweizer Reisekasse*, Bern 1965, S. 74–77.

Degen, Bernard, "Der Arbeitsfrieden zwischen Mythos und Realität", in: Bernard Degen et al., *Arbeitsfrieden. Realität eines Mythos:*

Gewerkschaftspolitik und Kampf um Arbeit- Geschichte, Krise, Perspektiven, Zürich 1987, S. 11-30.

―――――, "Wer darf mitregieren?: Die Integration der Opposition als Gnadenakt", in: Brigitte Studer (Hg.), *Etappen des Bundesstaates: Staats- und Nationsbildung der Schweiz, 1848-1998*, Zürich 1998, S. 145-158.

―――――, "Arbeitsfrieden", in: Die Stiftung Historisches Lexikon der Schweiz (Hg.), *Historisches Lexikon der Schweiz*, Bd. 1, Basel 2002, S. 455-456.

―――――, "Sozialpartnerschaft", in: Die Stiftung Historisches Lexikon der Schweiz (Hg.), *Historisches Lexikon der Schweiz*, Bd. 11, Basel 2012, S. 662.

Enzensberger, Hans Magnus, "Vergebliche Brandung der Ferne: Eine Theorie des Tourismus", in: *Merkur*, 12 (1958), S. 701-720（のちに *Einzelheiten I: Bewußtseins-Industrie*, Frankfurt am Main 1962, S. 179-205 [石黒英男訳『意識産業』晶文社、1970 年、221-254 頁] に収録）.

Fremdenverkehr in Theorie und Praxis: Festschrift für Walter Hunziker, Bern 1959.

Hachtmann, Rüdiger, *Tourismus-Geschichte*, Göttingen 2007.

―――――, "Tourismusgeschichte – ein Mauerblümchen mit Zukunft! Ein Forschungsüberblick", in: H-Soz-Kult 06.10.2011, <http://hsozkult. geschichte.hu-berlin.de/forum/2011-10-001> （2022 年 6 月 14 日最終閲覧）.

Häsler, Alfred A., *Das Abenteuer Migros*, Zürich 1985（山下肇・山下萬里訳『ミグロの冒険――スイスの暮しを支えるミグロ生協の歩み』岩波書店、1996 年）.

Irmscher, Gerlinde, "Auf die Fährte eines Spurensuchers: Adolf Grünthal, Robert Glücksmann und die Exilierung der deutschen

Fremdenverkehrsforschung", in: *Zeitschrift für Geschichtswissenschaft*, 65-5（2017）, S. 453-470.

Jenni, Manuel, *Gottlieb Duttweiler und die schweizerische Wirtschaft: Die Entwicklung der Persönlichkeit und des Werks bis zum Eintritt in den Nationalrat (1935)*, Bern 1978.

Jorio, Marco, "Geistige Landesverteidigung", in: die Stiftung Historisches Lexikon der Schweiz（Hg.）, *Historisches Lexikon der Schweiz*, Bd. 5, Basel 2006, S. 163-165.

Jost, Hans Ulrich, "Bedrohung und Enge（1914-1945）", in: Beatrix Mesmer/Ulrich Im Hof/Jean-Claude Favez et al.（Hg.）, *Geschichte der Schweiz und der Schweizer*, Basel 1983, S. 731-819.

―――, *Politik und Wirtschaft im Krieg: die Schweiz 1938-1948*, Zürich 1998.

Keitz, Christine, "Die Anfänge des modernen Massentourismus in der Weimarer Republik", in: *Archiv für Sozialgeschichte*, 33（1993）, S. 179-209.

―――, *Reisen als Leitbild: Die Entstehung des modernen Massentourismus in Deutschland*, München 1997.

Keller, Theo, "Professor Hunziker und das Seminar für Fremdenverkehr an der Handels-Hochschule St. Gallen", in: *Fremdenverkehr in Theorie und Praxis: Festschrift für Walter Hunziker*, Bern 1959, S. 78-82.

König, Mario, "Politik und Gesellschaft im 20. Jahrhundert: Krisen, Konflikte, Reformen", in: Manfred Hettling（et al.）, *Eine kleine Geschichte der Schweiz: Der Bundesstaat und seine Traditionen*, Frankfurt am Main 1998, S. 21-90.

―――, "Angestellte", in: Die Stiftung Historisches Lexikon der Schweiz（Hg.）, *Historisches Lexikon der Schweiz*, Bd. 1, Basel 2002, S. 342-345.

König, Wolfgang, "Massentourismus: Seine Entstehung und Entwicklung in der Nachkriegszeit", in: *Technikgeschichte*, 64-4 (1997), S. 305-322.

————, *Bahnen und Berge: Verkehrstechnik, Tourismus und Naturschutz in den Schweizer Alpen 1870-1939*, Frankfurt am Main 2000.

Kozak, Metin/Nazmi Kozak, "Institutionalisation of tourism research and education: from the early 1900s to 2000s", in: *Journal of Tourism History*, 8-3 (2016), pp. 275-299.

Krapf, Kurt, "75 Jahre Schweizer Hotelier-Verein im Lichte der Entwicklung des Fremdenverekehrs", in : Schweizer Hotelier-Verein (Hg.), *75 Jahre Jubiläum Schweizer Hotelier-Verein*, Basel 1957, S. 5-19.

Krebs, Ralph/Hans Teuscher, *50 Jahre Reka 1939-1989*, Bern 1989.

Leugger, Joseph, "Fremdenverkehr in der modernen Arbeitsgesellschaft", in: *Festschrift für Prof. Dr. Walter Hunziker zum 60. Geburtstag*, Bern 1959, S. 97-108.

Liebscher, Daniela, "Faschismus als Modell: Die faschistische Opera Nazionale Dopolavoro und die NS-Gemeinschaft »Kraft durch Freude« in der Zwischenkriegszeit", in: Sven Reichardt/Armin Nolzen (Hg.), *Faschismus in Italien und Deutschland: Studien zu Transfer und Vergleich* (Beiträge zur Geschichte des Nationalsozialismus; 21), Göttingen 2005, S. 94-118.

Martig, Peter, "Die Schweizerische Landesausstellung in Bern 1914", in: *Berner Zeitschrift für Geschichte und Heimatkunde*, 4 (1984), S. 163-179.

Merki, Christoph Maria, "Den Fortschritt bremsen? Der Widerstand gegen die Motorisierung des Straßenverkehrs in der Schweiz", in: *Technikgeschichte*, 65-3 (1998), S. 233-253.

————, "Eine außergewöhnliche Landschaft als Kapital. Destinationsmanagement im 19. Jahrhundert am Beispiel von Zermatt", in: Thomas Busset/Luigi Lorenzetti/Jon Mathieu (éd.), *Tourisme et changements culturels/Tourismus und kultureller Wandel*

(*Histoire des Alpes*, Nr. 9/2004), Zürich 2004, S. 181-201.

Mooser, Josef, "Die «Geistige Landesverteidigung» in den 1930er Jahren", in: *Schweizerische Zeitschrift für Geschichte/Revue Suisse d'Histoire/ Rivista Storica Svizzera*, 47 (1997), S. 685-708.

Müller, Hansruedi/Anna Amacher Hoppler, "Tourism in a neutral country sorrounded by war: The case of Switzerland", in: Richard Butler/ Wantansee Suntikul (ed.), *Tourism and War*, London/New York 2013, pp. 106-118.

Püntener, Peter, "Der Beitrag des Fremdenverkehrs zur Entwicklung der Schweizer Wirtschaft (1850-1913) ", in: Andreas Ernst et al. (Hg.), *Kontinuität und Krise: Sozialer Wandel als Lernprozes*, Zürich 1994, S. 51-59.

Roth, Peter, *Die Intervention des Bundes auf dem Gebiete der Fremdenverkehrswerbung: Entstehung, Wesen und Aufgabe der Schweizerischen Zentrale für Verkehrsförderung*, Bern 1945.

Schärli, Arthur, *Höhepunkt des schweizerischen Tourismus in der Zeit der «Belle Epoque» unter besonderer Berücksichtigung des Berner Oberlandes: Kulturgeschichtliche Regionalstudie*, Bern 1984.

Schumacher, Beatrice, "Krise im Reiseland par excellence: Zum Umgang mit Krisen von Hotellerie und Fremdenverkehr in der Schweiz", in: *Traverse: Zeitschrift für Geschichte*, 10 (1997), S. 81-96.

―――, "«Genuss in Überfluss» Entwürfe von „Massentourismus" in der Schweiz 1935 bis 1948", in: *Voyage: Jahrbuch für Reise- & Tourismusforschung*, 1 (1997), S. 120-135.

―――, "Ferien für alle: Konsumgut oder touristische Sozialpolitik?: Die Ferienentwürfe von Hotelplan Reisekasse Ende der 30er Jahre", in: Jakob Tanner et al. (Hg.), *Geschichte der Konsumgesellschaft. Märkte, Kultur und Identität*, Zürich 1998, S. 257-275.

164

————, *Ferien: Interpretationen und Popularsierung eines Bedürfnisses Schweiz 1890-1950*, Wien 2002.

Schweizer, Markus, *Krise und Wandel: Der schweizerische Fremdenverkehr in der Zwischenkriegszeit 1918-1939*, Liz., Zürich 1989.

Schweizer Hotelier-Verein (Hg.), *75 Jahre Jubiläum Schweizer Hotelier-Verein*, Basel 1957.

Schweizer Reisekasse (Hg.), *Aus der Praxis des Sozialtourismus: Festschrift zum fünfundzwanzigen Bestehen der Schweizer Reisekasse 1939-1964*, Bern 1965.

Schweizerischer Fremdenverkehrsverband (Hg.), *Im Memoriam Prof. Dr. Kurt Krapf*, Bern 1963.

Semmens, Kristin, ""Tourism and Autarky are Conceptually Incompatible": International Tourism Conferences in the Third Reich", in: Eric G. E. Zuelow (ed.), *Touring Beyond the Nation: A Transnational Approach to European Tourism History*, Farnham 2011, pp. 195-213.

Spode, Hasso, "»Der deutsche Arbeiter reist«: Massentourismus im Dritten Reich", in: Gerhard Huck (Hg.), *Sozialgeschichte der Freizeit: Untersuchungen zum Wandel der Alltagskultur in Deutschland*, 2. Aufl., Wuppertal 1982, S. 281-306.

————, *Wie die Deutschen „Reiseweltmeister" wurden: Eine Einführung in die Tourismusgeschichte*, Erfurt 2003.

————, "Zur Geschichte der Tourismusgeschichte", in: *Voyage: Jahrbuch für Reise & Tourismusforschung*, 8 (2009), S. 9-22.

————, "Tourism Research and Theory in German-Speaking Countries", in: Graham M. S. Dann and Giuli Liebman Parrinello (eds.), *The Sociology of Tourism: European Origins and Developments (Tourism Social Science Series, Vol. 12)*, Bingley 2009, pp. 65-93.

————, "Geburt einer Wissenschaft: zur Professionalisierung der

Tourismusforschung", in: Themenportal Europäische Geschichte (2012), <http://www.europa.clio-online.de/2012/Article=584> (2022年6月18日最終閲覧).

Sulmoni, Stefano, "Pro Lugano: une société au service de l'aménagement d'espaces de loisir (1888-1919) ", in: Hans-Jörg Gilomen/Beatrice Schumacher/Laurent Tissot (éd.), *Freizeit und Vergnügen vom bis zum 20. Jahrhundert/Temps libre et loisirs du 14 au 20 siècles*, Zürich 2005, pp. 143-155.

Tanner, Jakob, "Staat und Wirtschaft in der Schweiz: Interventionistische Massnahmen und Politik als Ritual", in: Brigitte Studer (Hg.), *Etappen des Bundesstaates: Staats- und Nationsbildung der Schweiz, 1848-1998*, Zürich 1998, S. 237-260.

Tissot, Laurent, "How did the British conquer Switzerland?: Guidebooks, Railways, Travel agencies, 1850-1914", in: *The Journal of Transport History*, 16 (1995), pp. 21-54.

――――, "Tourism in Austria and Switzerland: Models of Development and Crises, 1880-1960", in: Timo Myllyntaus (ed.), *Economic Crises and Restructuring in History: Experiences of Small Countries*, St. Katharinen 1998, pp. 285-302.

――――, *Naissance d'une industrie touristique: les Anglais et la Suisse au XIXe siècle*, Lausanne 2000.

――――, "À travers les Alpes: Le Montreux-Oberland Bernois ou la construction d'un système touristique, 1900-1970", in: Thomas Busset/Luigi Lorenzetti/Jon Mathieu (éd.), *Tourisme et changements culturels/Tourismus und kultureller Wandel* (*Histoire des Alpes*, Nr. 9/2004), Zürich 2004, pp. 227-244.

――――, "Développement des transports et tourisme: quelles relations?", *Schweizerische Zeitschrift für Geschichte/Revue Suisse d'Histoire/*

Rivista Storica Svizzera, 56 (2006), pp. 31–37.

————, "From Alpine Tourism to the "Alpinization" of Tourism", in: Eric G. E. Zuelow (ed.), *Touring Beyond the Nation: A Transnational Approach to European Tourism History*, Farnham 2011, pp. 59–78.

————, "Der Tourismusstandort Schweiz", in: Patrick Halbeisen/Margrit Müller/Béatrice Veyrassat (Hg.), *Wirtschaftsgeschichte der Schweiz im 20. Jahrhundert*, Basel 2012, S. 553–567.

————, "Alpen, Tourismus, Fremdenverkehr", in: Georg Kreis (Hg.), *Die Geschichte der Schweiz*, Basel 2014, S. 482–485.

Truffer, Bernard, "Seiler, Alexander", in: Die Stiftung Historisches Lexikon der Schweiz (Hg.), *Historisches Lexikon der Schweiz*, Bd. 11, Basel 2012, S. 416–417.

————, "Seiler, Franz", in: Die Stiftung Historisches Lexikon der Schweiz (Hg.), *Historisches Lexikon der Schweiz*, Bd. 11, Basel 2012, S. 418.

————, "Seiler, Hermann", in: Die Stiftung Historisches Lexikon der Schweiz (Hg.), *Historisches Lexikon der Schweiz*, Bd. 11, Basel 2012, S. 419.

Young, Patric, "A Place Like Any Other?: Publicity, Hotels and the Search for a French Path to Tourism", in: Eric G. E. Zuelow (ed.), *Touring Beyond the Nation: A Transnational Approach to European Tourism History*, Farnham 2011, pp. 127–149.

Ziegler, Béatrice, "«Der gebremste Katamaran»: Nationale Selbstdarstellung an den schweizerischen Landesausstellungen des 20. Jahrhunderts", in: *Zeitschrift für Geschichte/Revue Suisse d'Histoire/Rivista Storica Svizzera*, 51 (2001), S. 166–180.

Zuelow, Eric G.E., "The Necessity of Touring Beyond the Nation: An Introduction", in: Id. (ed.), *Touring Beyond the Nation: A Transnational Approach to European Tourism History*, Farnham, 2011, pp. 1–16.

邦語文献

雨宮昭彦「最近のドイツにおける『消費史』研究と消費の観点から見た『帝政期ドイツの新中間層』」『歴史学研究』第 768 号（2002 年 10 月）、88-96 頁。

アーリ、ジョン／ヨーナス・ラースン（加太宏邦訳）『観光のまなざし』増補改訂版、法政大学出版局、2014 年。

石森秀三「国際観光学アカデミー――観光研究の最近の動向」『民博通信』第 47 号（1990 年 2 月）、70-86 頁。

――――「観光革命と二〇世紀」同編『観光の二〇世紀（二〇世紀における諸民族の伝統と変容 3）』ドメス出版、1996 年、11-26 頁。

井上茂子「ナチス・ドイツの民衆統轄――ドイツ労働戦線を事例として」『歴史学研究』第 586 号（1988 年 10 月）、196-207 頁。

――――「余暇の組織化の政治学――デ・グラツィア『柔らかいファシズム』によせて」『大原社会問題研究所雑誌』第 391 号（1991 年 6 月）、37-45 頁。

井野瀬久美惠「旅の大衆化か、差別化か？――トマス・クック社発展の影で」石森秀三編『観光の二〇世紀』ドメス出版、1996 年、27-42 頁。

上野喬「低価格・高品質の経営経済学――ミグロは路上に生まれ逆境に育ちセルフサーヴィスにより成長する」『東洋大学大学院紀要　法・経済・経営研究科』第 41 集（2005 年 3 月）、387-416 頁。

遠藤英樹「『観光社会学』の対象と視点――リフレクシヴな『観光社会学』へ」須藤廣・遠藤英樹『観光社会学 2.0 ――拡がりゆくツーリズム研究』福村出版、2018 年、41-62 頁。

大橋昭一「ドイツ語圏における観光概念の形成過程――ドイツ観光経営学研究の 1 章」『大阪明浄大学紀要』第 1 号（2001 年 3 月）、11-21 頁。

――――「第二次世界大戦後ドイツ語圏における観光概念の展開過程――観光事業経営学のための特徴的諸論点を中心に」『大阪明浄大学紀要』第 2 号（2002 年 3 月）、17-30 頁。

岡本伸之編『観光学入門——ポスト・マス・ツーリズムの観光学』有斐閣、
　　2001 年。

踊共二「スイス史研究の現状と展望」踊共二・岩井隆夫編『スイス史研究の
　　新地平——都市・農村・国家』昭和堂、2011 年、27-38 頁。

小野清美「オールドー自由主義思想の形成——自由主義の破局からその刷
　　新・再生へ」『土地制度史学』第 43 巻第 3 号（2001 年 4 月）、28-37 頁。

河村英和『観光大国スイスの誕生——「辺境」から「崇高なる美の国」へ』
　　平凡社、2013 年。

グラツィア、ヴィクトリア・デ（豊下楢彦・高橋進・後房雄・森川貞夫訳）
　　『柔らかいファシズム——イタリア・ファシズムと余暇の組織化』有斐
　　閣、1989 年。

黒澤隆文「アルプスの孤高の小国　スイス」渡辺尚編著『ヨーロッパの発見
　　——地域史のなかの国境と市場』有斐閣、2000 年。

―――――『近代スイス経済の形成——地域主権と高ライン地域の産業革命』
　　京都大学学術出版会、2002 年。

ゴードン、アンドルー（豊田真穂訳）「消費、生活、娯楽の『貫戦史』」『岩
　　波講座　アジア・太平洋戦争 6　日常生活の中の総力戦』岩波書店、
　　2006 年、123-152 頁。

コルバン、アラン（渡辺響子訳）『レジャーの誕生』藤原書店、2000 年。

権上康男「新自由主義の誕生（一九三八～四七年）」同編『新自由主義と戦
　　後資本主義——欧米における歴史的経験』日本経済評論社、2006 年、
　　3-58 頁。

斎藤哲『消費生活と女性——ドイツ社会史（1920～70 年）の一側面』日本
　　経済評論社、2007 年。

塩田正志「スイスのバカンスとスイス旅行公庫の現状」『月刊ホテル旅館』
　　第 13 巻第 5 号（1976 年 5 月）、103-106 頁。

―――――「ヨーロッパにおけるソーシャル・ツーリズムの現状（I）——ス
　　イス旅行公庫」『月刊観光』第 172 号（1981 年 1 月）、40-44 頁。

─────「観光の歴史」塩田正志・長谷政弘編『観光学』同文舘出版、1994年、17-31頁。

─────「観光学の研究対象と研究方法」塩田正志・長谷政弘編著『観光学』同文舘出版、1994年、3-15頁。

─────「REKA（スイス旅行公庫協同組合）」長谷政弘編『観光学辞典』同文舘出版、1997年、40頁。

─────「フンツィカー、ヴァルター」長谷政弘編『観光学辞典』同文舘出版、1997年、15頁。

─────『観光学研究Ⅰ』（第5版）学術選書、1998年。

シャパー、ウルリケ（阿部尚史訳）「グローバル・ヒストリーから見た観光史研究」羽田正編『グローバル・ヒストリーの可能性』山川出版社、2017年、161-181頁。

白幡洋三郎『旅行ノススメ──昭和が生んだ庶民の「新文化」』中央公論社、1996年。

ストゥッキ、ロレンツ（吉田康彦訳）『スイスの知恵──経済王国・成功の秘密』サイマル出版会、1974年。

須藤廣「観光の近代と現代──観光というイデオロギーの生成と変容」須藤廣・遠藤英樹『観光社会学2.0 ──拡がりゆくツーリズム研究』福村出版、2018年、63-107頁。

─────・遠藤英樹『観光社会学2.0 ──拡がりゆくツーリズム研究』福村出版、2018年。

千住一「序」千住一・老川慶喜編著『帝国日本の観光──政策・鉄道・外地』日本経済評論社、2022年、1-14頁。

高岡裕之「観光・厚生・旅行──ファシズム期のツーリズム」赤澤史朗・北河賢三編『文化とファシズム──戦時期日本における文化の光芒』日本経済評論社、1993年、9-52頁。

田口晃「戦間期スイスにおける分裂と統合──スイス社会民主党の方向転換をめぐって」ヨーロッパ現代史研究会編『国民国家の分裂と統合──戦

間期ヨーロッパの経験』北樹出版、1988 年、229-259 頁。

田野大輔『魅惑する帝国——政治の美学化とナチズム』名古屋大学出版会、2007 年。

————「消費がつくりだす『民族共同体』——国民的社会主義者ドレスラー＝アンドレスと国民受信機・国民車計画」『ゲシヒテ』第 9 号（2016 年 3 月）、49-65 頁。

チェニ、ハンス（小林武訳）『現代民主政の統治者——スイス政治制度とロビイストたち』信山社出版、1999 年。

トイシャー、ハンス、ラルフ・クレプス（青木真美訳）「スイス旅行公庫（REKA）——社会政策的な余暇旅行促進のための機関」『運輸と経済』第 49 巻第 6 号（1989 年 6 月）、67-72 頁。

独立専門家委員会　スイス＝第二次大戦編（黒澤隆文編訳、川﨑亜紀子・尾崎麻弥子・穐山洋子訳著）『中立国スイスとナチズム——第二次大戦と歴史認識』京都大学学術出版会、2010 年。

富川久美子「ドイツ語圏における観光研究の展開と観光の概念規定」『総合観光研究』第 1 号（2002 年 11 月）、107-116 頁。

長濱幸一・石原駿「観光学・観光史の研究動向把握——環境と大衆消費社会との関係に着目して」『長崎県立大学経済学部論集』第 49 巻第 4 号（2016 年 3 月）、235-265 頁。

成沢広幸「フランス社会とソーシャル・ツーリズム」多方一成・田渕幸親編著『現代社会とツーリズム』東海大学出版会、2001 年、51-75 頁。

長谷政弘編『観光学辞典』同文舘出版、1997 年。

葉柳和則「チューリヒ劇場と社会・文化的文脈」同編『ナチスと闘った劇場——精神的国土防衛とチューリヒ劇場の「伝説」』春風社、2021 年、1-53 頁。

廣田明「両大戦間期フランスにおける余暇の組織化——フランス余暇政策史における有給休暇法の意義」権上康男・廣田明・大森弘喜編『20 世紀資本主義の生成——自由と組織化』東京大学出版会、1996 年、73-110 頁。

広田功「フランス人民戦線の〈文化革命〉の一側面——有給休暇と〈余暇の組織化〉」中央大学人文科学研究所編『希望と幻滅の軌跡——反ファシズム文化運動』中央大学出版部、1987年、167-196頁。

平松佳子「フランス人民戦線期、CGTが模索した民衆ツーリズムについての一考察——ツーリズム団体『万人のための観光・ヴァカンス』Tourisme, Vacances Pour Tours の成立に託した夢」『学習院史学』第45号（2007年）、94-108頁。

ブーアスティン、ダニエル・J.（星野郁美・後藤和彦訳）『幻影の時代——マスコミが製造する事実』東京創元社、1964年。

藤本建夫『ドイツ自由主義経済学の生誕——レプケと第三の道』ミネルヴァ書房、2008年。

ブレンドン、ピアーズ（石井昭夫訳）『トマス・クック物語——近代ツーリズムの創始者』中央公論社、1995年。

ブルーア、ジョン（大橋里見訳）「ヴェスヴィオに登る——ツーリズムの歴史を読み直す」草光俊雄・眞嶋史叙監修『シリーズ消費文化史 欲望と消費の系譜』NTT出版、2014年、61-91頁。

ボワイエ、マルク（成沢広幸訳）『観光のラビリンス』法政大学出版局、2006年。

マキァーネル、ディーン（安村克己他訳）『ザ・ツーリスト——高度近代社会の構造分析』学文社、2012年。

南直人「ホテル・飲食業における資格化と職業教育——現代からの照射」望田幸男編『近代ドイツ＝資格社会の展開』名古屋大学出版会、2003年、241-273頁。

森田安一『スイス——歴史から現代へ』刀水書房、1980年。

森本慶太「スイス・アルプスへの旅——アルピニズム・鉄道・観光業」踊共二編『アルプス文化史——越境・交流・生成』昭和堂、2015年、71-89頁。

————「ホテル経営者ザイラーとツェルマットの観光開発」踊共二編『アルプス文化史——越境・交流・生成』昭和堂、2015年、114-117頁。

安村克己『社会学で読み解く観光——新時代をつくる社会現象』学文社、
　2001 年。

山本秀行『ナチズムの記憶——日常生活からみた第三帝国』山川出版社、
　1995 年。

米澤理奈「書評　Shelley Baranowski, *Strength through Joy: Consumerism
　and Mass Tourism in the Third Reich*」『パブリック・ヒストリー』第
　5 号（2008 年）、72-76 頁。

ルオフ、ケネス（木村剛久訳）『紀元二千六百年——消費と観光のナショナ
　リズム』朝日新聞出版、2010 年。

渡辺和行『フランス人民戦線——反ファシズム・反恐慌・文化革命』人文書
　院、2013 年。

人 名 索 引

事 項 索 引

178 |

著者紹介

森本　慶太　もりもと・けいた

1981 年　兵庫県に生まれる
2003 年　関西大学文学部史学・地理学科卒業
2013 年　大阪大学大学院文学研究科博士後期課程修了
　　　　　大阪大学大学院文学研究科助教を経て
現　在　関西大学文学部准教授、博士（文学）

主要著書
『アニメで読む世界史』（共著、山川出版社、2011 年）
『アニメで読む世界史 2』（共著、山川出版社、2015 年）
『アルプス文化史——越境・交流・生成』（共著、昭和堂、2015 年）
『はじめて学ぶドイツの歴史と文化』（共著、ミネルヴァ書房、2020 年）など

スイス観光業の近現代　大衆化をめぐる葛藤

2023 年 2 月 9 日　発行

著　者　　森本　慶太
発行所　　関西大学出版部
　　　　　〒 564-8680 大阪府吹田市山手町 3-3-35
　　　　　TEL 06-6368-1121／FAX 06-6389-5162
印刷所　　尼崎印刷株式会社
　　　　　〒 661-0975 尼崎市下坂部 3-9-20
編集協力　高瀬桃子（桃夭舎）　　　　　　　　　　Printed in Japan

ISBN 978-4-87354-758-9　C3022
©2023　Keita MORIMOTO　　　　　　　　落丁・乱丁はお取り替えいたします